AIDS e DIREITO

PAPEL DO ESTADO E DA SOCIEDADE NA PREVENÇÃO DA DOENÇA

R916a   Rudnicki, Dani
        AIDS e Direito: papel do Estado e da sociedade na prevenção da doença / Dani Rudnicki. — Porto Alegre: Livraria do Advogado, 1996.
        162p.; 14x21cm.

        ISBN 85-7348-001-7

        1. Direito: AIDS. 2. Direito: Doenças transmissíveis: Prevenção. I. Título.

                    CDU 34:614.4

        Índices para catálogo sistemático

Direito: AIDS
Direito: Doenças transmissíveis: Prevenção

(Bibliotecária responsável: Marta Roberto, CRB 10/652)

Dani Rudnicki

AIDS e DIREITO

PAPEL DO ESTADO E DA SOCIEDADE NA PREVENÇÃO DA DOENÇA

livraria
DO ADVOGADO
editora

1996

© Dani Rudnicki, 1996

Capa, projeto gráfico e diagramação
Livraria do Advogado / Valmor Bortoloti

Revisão
Rosane Marque Borba

Direitos desta edição reservados por
Livraria do Advogado Ltda.
Rua Riachuelo, 1338
90010-273   Porto Alegre   RS
Fone/fax: (051) 225 3311
E-Mail: liv_adv@portoweb.com.br

Impresso no Brasil / Printed in Brazil

*Para Leda
e
para meus avós*

*Agradeço a professora
Luiza Helena Moll,
a
Gérson Barreto Winkler
e a
Pacy*

Prefácio

Com a licença do amigo e poeta que me despertou para o questionamento epistemológico e iniciou-me no saber da produção da ciência*, valho-me de sua ode à relação ensino-aprendizagem para dizer um pouco do que significou a experiência de orientar e aprender com o Dani, autor de "AIDS e Direito: papel do Estado e da sociedade na prevenção da doença",

quantas coisas juntos aprendemos,
o labirinto da vida explorando,
um novo caminho buscando,
de início apenas suspeitando.
Um experiente no andar,
outros ansiosos no aventurar,
juntos a vida desvendando.
Voltamos o olhar sobre os passos
e já nenhum de nós é o mesmo.
Qual de nós aprendeu mais,
quem de nós mais ensinou?
Emprestei-lhes as minhas pernas,
de tanto andar já cansadas,
viciadas nas mesmas estradas
já tantas vezes trilhadas.

* Professor Clóvis Milton Duval Wannmacher, inspirador e instaurador de minha busca pelo conhecimento, mestre ao estilo de Roland Barthes - que faz de sua prática de ensino, de pesquisa e de amizade "fragmentos de um discurso amoroso".

Tomei-lhes a juventude indomada,
o brilho permanente do olhar,
a força incansável dos braços,
a firmeza do primeiro caminhar.
Ensinar e aprender, aprender e ensinar;
uma mesma e única transformação
para quem sabe à vida se entregar
e exercer o seu ofício com paixão.

Esta ode expressa poeticamente a dialética do processo educacional e qualquer outra palavra é inútil depois de apreendê-la para dizer da satisfação de tê-la vivenciado. Não é necessário adjetivar quando se colhe o fruto do trabalho pedagógico com um livro como o que ora se apresenta. Esta é a trajetória dos que se dedicam ao *metier* acadêmico na reprodução efetiva do saber com sabor. Sabor de colher no trabalho do orientando os próprios resultados. Não é por outro motivo que a poesia escolhida incorporou-se nesta apresentação: a troca entre mestres e pupilos é a maior gratificação que se obtém como professor e não há espaço mais especial do que este para agradecer ao Dani o esforço que ele empreendeu sob minha orientação e nele permitir-me que eu me reflita, do mesmo modo que penso refletir meu mestre.

Não fosse a feliz combinação de acontecimentos alheios a mim e ao Dani, e a pesquisa sobre AIDS e Direito (SIDA, nas palavras do autor) não seria uma realidade.

Não fosse a obstinação, diligência e capacidade para o trabalho de Dani, bem como sua curiosidade, inteligência e acuidade, e este livro não viria a lume. De sorte que, nas palavras do poeta, "quantas coisas juntos aprendemos". Quanto a mim, sabendo da SIDA o que lia e ouvia na mídia. Ele, pouco sabendo da tarefa de investigação, da elaboração de um projeto, da coleta de dados, do paradigma teórico. Este livro fala sobre os resultados.

Desde o momento em que Dani procurou-me para formular o convênio e o projeto de extensão - assistência jurídica a indivíduos convivendo com a SIDA - que desenvolvemos com o apoio da PROREXT-UFRGS, do GAPA, e a assistência efetiva dos acadêmicos de direito Vladimir Rodrigues e Fabiana Arenhart, suspeitei ali a possibilidade de observar e verificar qual o impacto de transformações sociais, como as provocadas pela SIDA, sobre o modo de fazer direito.

Através da complexidade desta Síndrome, fenômeno patológico que trouxe profundas alterações nos costumes e novas questões para o interior das relações amorosas e sexuais, enfim sobre a vida de relações, intuí a oportunidade de comprovar um novo ou um outro modo de fazer direito. Neste sentido, o entusiasmo e a disponibilidade de Dani foram os fatores decisivos para que as idéias fossem jogadas no papel, dando corpo ao projeto de pesquisa acadêmica que, sob minha orientação e a bolsa de iniciação científica do CNPq - PROPESP/UFRGS, foi desenvolvido pelo Dani.

Nas palavras do poeta, *de início apenas suspeitando... Eu experiente no andar, Ele ansioso no aventurar...*

O modelo teórico de que partimos para orientar e dar sustentação aos passos da investigação enquadra-se na discussão sobre os "novos paradigmas da ciência", em especial a do direito. O paradigma do "Puralismo Jurídico", descrito na obra do professor Antônio Carlos Wolkmer, Doutor em Direito pela Universidade Federal de Santa Catarina, é onde fomos buscar os postulados das "fontes alternativas do direito", bem como as formas como se manifestam. A opção teórica não foi por acaso. Ao contrário, a oportunidade que aconteceu com o projeto de assistência jurídica junto ao GAPA levou-nos a formular a hipótese de trabalho, qual seja, a de que a prática no GAPA seria a condição de verificabilidade da pretensão de cientificidade que o paradigma do pluralismo jurídico reivindica para si.

Daí a oportunidade que se engendrou por meio da Síndrome, por ser fenômeno que afeta o social cujos efeitos jurídicos somente podem ser percebidos e resolvidos por um novo modo de pensar o direito, criando assim o caldo de uma nova cultura para o conhecimento do direito, porque do ponto de vista sociológico estavam dadas as condições objetivas para tanto.

A análise sobre o GAPA, no contexto dos "novos movimentos sociais", configurando-se como ONG - organização não-governamental, aliás, é um dos pontos fortes deste livro, na medida em que permitiu um método de abordagem de pesquisa participativa, seja por ter sido o Dani militante desse movimento, seja porque prestou efetivamente assistência jurídica aos indivíduos que ali se socorriam, seja porque, no devir da práxis, refletiu no interior e como expectador sobre o processo de sua formação, composição, militância político-social--assistencial, bem assim como sobre a eficácia de tal militância, seus limites e possibilidades, de modo a verificar se, efetivamente, a organização autônoma da sociedade civil em movimentos específicos, oriundos de demandas específicas, constitui a forma pela qual emerge um direito com potencial de transformação social.

Experiente sobre esta realidade empírica, Dani observou-a com as lentes do referencial teórico do pluralismo jurídico que se constitui em alternativa ao monismo da organização social pelo Estado de Direito, única fonte vigente e válida para as leis. Com o pluralismo jurídico, o direito emerge de fontes sociais alternativas, o GAPA aparecendo como uma delas.

Foi possível, deste modo, perceber as mudanças operadas com o processo social de solução de conflitos envolvendo a SIDA. Mudança perceptível quando o autor analisa os casos atendidos e surpreende as diferenças deste com o tratamento do modo tradicional de respostas dadas pelo legalismo jurídico.

A hipótese de que a ONG constitui-se em pólo gerador de novos direitos implicou, obviamente, um novo modo de conceber o direito. Não mais o direito retributivo-repressivo, retrospectivo sancionador da aplicação da lei ao caso, mas um direito prospectivo, preventivo, pró-ativo e pedagógico que induz a mudanças nos padrões de conduta. Mudanças que se operam não pelo modelo legal, mas sim pelo reconhecimento que se impõe pela necessidade e validade ética da ação.

Esta a originalidade que este livro apresenta. Originalidade que tem a semântica da verificação de hipótese científica, mediante a observação prática dos conflitos envolvendo os estigmatizados pela Síndrome que chegavam ao GAPA, muitas vezes como único e último refúgio. Isto ao mesmo tempo ensejou a que se confirmasse a ineficácia do modo repressor de se fazer direito, em contraposição à efetividade da prática da mediação por via de acordos, conciliações e respostas às demandas por medicamentos, abrigo, hospitalização, etc... E o que é mais importante, trazendo à opinião pública o debate sempre atual e de difícil elaboração político-ideológica dos Direitos Humanos.

A militância no GAPA, aliás, oportunizou que a prática pela garantia de respeito aos Direitos Humanos dos soropositivos viabilizasse neste livro discorrer sobre a diferença entre discurso e ação, o que, em relação aos afetados pela Síndrome de Imudeficiência Adquirida expressa-se primeiramente na não-discriminação, e, muito mais que a solidariedade, o acompanhamento do périplo para garantir tratamento e medicação, assistidos pelos familiares e amigos. Este o papel decisivo do GAPA, o que foi muito bem captado pelo Dani.

Mas não só quanto às práticas alternativas este livro surge para acrescentar. O seu valor está em trazer também, de forma organizada, a disciplina legal na área trabalhista, previdenciária, penal, civil, de família e sucessões e, pela prática da orientação, posso asseverar, acrescentando ao acervo bibliográfico uma informação de caráter prático, por isso propiciando respostas imediatas à diversidade de situações que a SIDA tem provocado.

Diga-se, a propósito, que um dos resultados a que a pesquisa nos levou é que, ao contrário do que esperávamos, a repercussão da doença em termos de conflitos nos Tribunais é inversamente proporcional à dimensão do impacto que seu surgimento teve para a humanidade. Suas conseqüências são muito mais impactantes para o governo, em termos de exigência de políticas de saúde pública do que em termos legislativos e jurisdicionais, razão por que o livro que surge tem a originalidade de evidenciar que não resolveremos os problemas surgidos apenas através das leis. Para os novos problemas, impõem-se novas soluções.

Tanto quanto o Dani, acredito que a práxis dos movimentos sociais, o engajamento em organizações não-governamentais, a cidadania participativa estão a apontar para o mundo do direito uma nova concepção, ora de conteúdo prospectivo, na medida em que ao contrário de retribuir-sancionar, evite o conflito, dano e o prejuízo; uma idéia de lei como liberdade positiva, de caráter pedagógico; de direito como processo de conquista; na postura pró-ativa da cidadania, uma via possível para a existência de um direito preventivo, como preventiva deve ser a medicina, a ciência na forma mais nobre de sua expressão.

"AIDS e Direito: papel do Estado e da sociedade na prevenção da doença" contém uma proposta, experimentada, de exercício da democracia na conquista e garantia dos direitos, refutando o arcabouço da dogmática tradicional, provando que não se trata de teorização, mas que a transformação é possível, apontando para uma nova estruturação, no sentido de organizar uma esfera pública não-estatal, mediada pela sociedade civil organizada.

Luiza Helena Moll
Professora da Faculdade de Direito/UFRGS

Sumário

1. Introdução 15
   1.1. Método, Estilo e Discurso 15
   1.2. Síndrome da Imunodeficiência Adquirida 18

2. SIDA e Direitos Humanos 25

3. Conflitos no Paradigma Tradicional 33
   3.1. Papel e Atuação do Direito 33
   3.2. Classificação da Doença 38
   3.3. Questões Públicas 39
   3.3.1. Isolamento 39
   3.3.2. Testagem Compulsória 40
   3.3.3. Direito de Ir e Vir 42
   3.3.4. Direito à Privacidade 43
   3.3.5. Educação 44
   3.3.6. Desporto 45
   3.3.7. Trabalho 45
   3.3.8. Assistência Social 48
   3.4. Questões Penais 49
   3.4.1. Transmissão Dolosa 51
   3.4.2. Aborto 55
   3.4.3. Crimes contra o Portador 55
   3.4.4. Saúde Pública 56
   3.4.5. Questões de Execução da Pena 58
   3.5. Questões Privadas 59
   3.5.1. Capacidade para Negociar 60
   3.5.2. Casamento 60
   3.5.3. Filhos 61
   3.5.4. Herança 61
   3.5.5. Seguros de Vida e Saúde 62

3.6. Questões Médicas ... 63
    3.6.1. Assistência ... 64
    3.6.2. Notificação ... 65
    3.6.3. Medicamentos Novos ... 66
3.7. Análise das Soluções Propostas ... 66

4. Casos Atendidos no GAPA ... 75
4.1. Introdução ... 75
4.2. Tabulação de Dados ... 78
4.3. Casos ... 81
4.4. Análise dos Casos ... 88

5. Sujeitos Coletivos ... 93
5.1. Novos Movimentos Sociais ... 94
5.2. ONGs/SIDA no Brasil ... 101
5.3. GAPA: histórico informativo ... 105
5.4. GAPA: histórico pessoal I ... 116
5.5. GAPA: histórico pessoal II ... 120
5.6. GAPA: novo movimento social ... 128

6. Novo Paradigma para o Direito ... 139

7. Conclusão ... 149

Bibliografia ... 159

1 Introdução

1.1. MÉTODO, ESTILO E DISCURSO

Fixo o início do trabalho em 1989, quando dois colegas da Faculdade de Jornalismo me convidaram para fazer um vídeo sobre prostituição. Para tanto eles já estavam em contato com o Grupo de Apoio à Prevenção da AIDS do Rio Grande do Sul (GAPA/RS), entidade que trabalha com SIDA e cidadania e mantém contato com prostitutas. Nesse momento, comecei a fazer parte do GAPA.

Em 1992, Gérson Winkler, então presidente da entidade, solicita que eu organize o departamento jurídico do Grupo, que concluísse um convênio com a UFRGS para garanti-lo, sem encargos financeiros. Então, conheci a professora Luiza Helena Moll, com cuja orientação contei para que um convênio fosse assinado. Mais do que isso, interessada pelo assunto, ela incentivou-me a que elaborasse um projeto de pesquisa.

Este trabalho é resultado da atuação no GAPA e do meu estudo do Direito. Expressa percepções pessoais a respeito deles e objetiva sintetizar idéias que estão sendo formadas.

A SIDA ocupa aqui o papel de trilha por onde o estudo se coloca. Poderia ser outra doença ou acontecimento. É quase uma desculpa para pensar a respeito do homem e da sociedade, das Ciências e do Direito no mundo contemporâneo.

O porquê disso diz respeito ao fato de que não é a doença que interessa, mas suas conseqüências, principalmente o surgimento de Organizações Não-Governamentais (ONGs). Tais entidades da sociedade civil atuam quer para preveni-la, quer para desmistificá-la, quer para reclamar pela cidadania do doente.

É em interface com elas que discutirei o que seja o Direito, como ele se forma e como ele é conquistado.

Entre os autores que inspiram esse trabalho cito Foucault e Barthes.

De acordo com Foucault, "a genealogia seria, portanto, com relação ao projeto de uma inscrição dos saberes na hierarquia de poderes próprios à ciência, um empreendimento para libertar da sujeição os saberes históricos, isto é, torná-los capazes de oposição e de luta contra a coerção de um discurso teórico, unitário, formal e científico" (p. 172).

Em Barthes, o teórico não é científico. Porque ali se sente vida, prazer e amor. Ele seria incapaz de afirmar que a ciência é neutra ou que um discurso possui primazia sobre outro. Nunca aceitaria o posto como eterno.

A crítica ao método científico, porém, não basta. O estilo deve também ser discutido. Também aí Barthes, com a beleza do Fragmento do Discurso, é mestre.

É por querer compartilhar dessas idéias que opto por um texto pessoal. É por entender, com Boaventura dos Santos, por exemplo, que, "enquanto se aceitar a distinção sujeito e objeto, ela se manterá incontrolada no próprio processo científico e neutralizará qualquer intenção subjetiva de utilizar a ciência como força libertadora da opressão, por mais radical (ou marxista) que o discurso se apresente" (*Sociologia* ..., pp. 78-79).

Dessa forma, este trabalho procura identificar quais os conflitos jurídicos surgidos em relação à SIDA e quais as respostas propostas para solucioná-los. Isso importa ainda, em forma introdutória, na exposição do que compreendemos como SIDA.

Nessa busca das respostas oferecidas pelo mundo jurídico aos conflitos que lhe são apresentados importa a análise das respostas percebidas, enquanto Poder Judiciário e Legislativo, bem como em nível de estudos doutrinários e, como leciona o professor Boaventura dos Santos, "das alternativas jurídicas da comunidade e também uma análise dos serviços de assistência jurídica" (*Sociologia* ..., p. 62).

Assim, serão expostos os conflitos trazidos ao departamento jurídico do GAPA ao longo do ano de 1993. Neste momento o estudo se preocupa em observar quais são novos conflitos e quais não os são. Analisará os conflitos e as partes, o porquê de casos serem trazidos à entidade, mesmo quando não possuam ligação com a SIDA.

Esta parte do trabalho só pôde ser realizada, destaque-se, graças à aprovação, pela Pró-Reitoria de Extensão da UFRGS, de duas bolsas para o Projeto de Assistência Jurídica para Pessoas Convivendo com AIDS, elaborado e coordenado por mim, sob supervisão da professora Luiza Helena Moll, no decorrer do ano de 1992.

Nesse momento, deve-se agradecer a Fabiana Arenhart e a Vladimir Rodrigues, acadêmicos de Direito, que se incorporaram ao trabalho através das bolsas. De abril a dezembro, eles atuaram no GAPA, permitindo que toda a demanda do departamento jurídico fosse atendida e anotada em instrumento elaborado para a realização deste estudo.

Mas antes minha atenção estará voltada para os conflitos originados pela SIDA (ou, ao menos, as lides e casos nos quais a doutrina tradicional percebe existir relação com ela). Mostrarei também as respostas que a legislação e a doutrina colocam à disposição dos interessados, no sentido de solucionar essas lides, surgidas em um mundo no qual as pessoas estão (con)vivendo com SIDA.

Na seqüência, através de dois históricos, um factual e outro pessoal, estudar-se-á a história do GAPA, os mecanismos de poder que o estruturam e sua inserção na sociedade.

Também, com base nos históricos e material pesquisado, buscar-se-á perceber como o Direito se manifesta, ou seja, se há um imaginário que distingue a concepção de Direito que emerge nessas circunstâncias da concepção que se tem tradicionalmente.

Concluindo, verificarei como ocorreu a solução dos conflitos trazidos ao departamento jurídico do GAPA. A partir daí, estarei pronto para discutir a natureza do GAPA (incorpora-se a entidade aos chamados novos movimentos sociais?, o que significa ser uma ONG?, é o Grupo realmente uma ONG?) e o que isso significa em relação ao mundo jurídico. O sistema oficial reconhece nele uma instância criadora de Direito? Parte do pluralismo jurídico? Existe pluralismo jurídico?

Eis a que me proponho.

1.2. SÍNDROME DA IMUNODEFICIÊNCIA ADQUIRIDA

A SIDA[1] é conhecida popularmente como AIDS (sigla da denominação em língua inglesa), é a Síndrome da Imunodeficiência Adquirida: síndrome de conjunto de sintomas ou sinais de doença; imunodeficiência do momento no qual o sistema imunológico de uma pessoa não pode proteger o corpo, o que facilita o desenvolvimento de diversas doenças; e adquirida do fato de que ela não é hereditária, depende de infecção pelo Vírus da Imunodeficiência Humana (VIH).

---

[1] É a denominação que utilizo nesta obra, respeitadas as citações em que o autor tenha optado por AIDS e os nomes de entidades que utilizem essa. Do mesmo modo, escrevo VIH e não HIV.

Esse tipo de conceito, porém, não me parece suficiente, limita-se a relatar aspectos clínicos. E, quanto a isso, o médico Jonathan Mann, quando era responsável pelo programa de controle da SIDA da Organização Mundial de Saúde (OMS), em 20 de outubro de 1987, perante a Assembléia Geral da ONU, alertava que a SIDA, na verdade, representava três epidemias: a primeira da infecção pelo vírus; a segunda das doenças infecciosas e a terceira das reações sociais, culturais, econômicas e políticas. Ele acrescentava, desde aquela época, ser essa última tão fundamental quanto a própria doença e, potencialmente, mais explosiva do que aquela.

Nesse sentido, também Herbert Daniel, para quem "atribui-se à ciência, de forma quase imediata, o papel de descobrir soluções médicas. Coisas bem restritas. Não estarão solucionando nenhum Grande Enigma. Estarão dando uma explicação médica sobre uma doença. Ou seja, uma interpretação científica de certos danos e fatos na relação entre agente etiológico e a evolução da patologia" (p. 100).

Por isso, opto por um conceito histórico-cultural da SIDA, como o que se segue.

A SIDA foi diagnosticada pela primeira vez em 1982. Aparece como uma nova doença; logo, porém, assume um caráter bem mais amplo, mostrando-se um poderoso fator de discriminação. Decorrência de características das pessoas então identificadas como portadores: homossexuais masculinos norte-americanos com idade entre os trinta e quarenta anos. Isso leva os médicos, respaldados pelos meios de comunicação, a pensar no surgimento de um *câncer gay* - denominação decidida sem ter por base nem sequer o conhecimento do agente transmissor da Síndrome.

Pouco tempo depois, identificavam-se inúmeros casos de semelhante problema em território africano. As hipóteses então levantadas explicavam o surgimento da epidemia como resultado de rituais tribais envolvendo macacos, animais nos quais se descobriu vírus semelhante ao VIH.

A teoria estava montada. Trabalhadores haitianos, com passagem pela África, teriam disseminado o vírus para os Estados Unidos através de relacionamento homossexual com norte-americanos.

Assim como a sífilis em épocas passadas, percebe-se uma perfeita manipulação dos fatores sexuais e econômicos de discriminação. Afinal, hoje, embora se tenha claro que a transmissão sexual da SIDA não é restrita ao comportamento homossexual e que, se a origem da epidemia foi realmente a África, a causa mais provável são experiências de cientistas do Primeiro Mundo em território subdesenvolvido, a idéia inicial persiste no inconsciente coletivo, mesmo que o perfil atual da Síndrome seja de caráter pandêmico, atingindo todas as faixas etárias, independentemente de classe social e comportamento sexual.

A vontade de estar imune ao perigo, que seria reservado ao outro, ao pecador, remonta ao século XVIII, quando Cotton Mather (pregador e escritor puritano da Nova Inglaterra, 1663-1728) dizia que a sífilis era um castigo "que o justo juízo de Deus reservou para nossa era tardia" (*apud* Sontag, 1989, p. 72).

Hoje Dom Eugênio Sales escreve a respeito da SIDA: "E cai, como raio, na humanidade, o perigo da AIDS... Surge como imposição que atinge, em cheio, a inversão sexual, a troca de parceiros, uma interminável lista de assuntos condenados pela legislação divina... Esse clima revela a decadência dos costumes com as conseqüências de um comportamento humano quando contraria o destino para o qual fomos criados...

Os flagelos sociais servem de instrumento para despertar a consciência, explorar a imoralidade reinante, fazer o homem retornar aos caminhos de Deus"[2].

---

[2] A revista Veja, em fevereiro de 1994, anunciava que, entre 1987 e 1993, no Brasil, 35 padres morreram de SIDA.

Essas visões apocalípticas são absurdas. A SIDA não é algo anormal que vai acabar com a vida e/ou os costumes do homem na Terra, é apenas uma doença.

Nos livros *A doença como metáfora* e *A AIDS e suas metáforas*, Susan Sontag analisa a tuberculose, o câncer, a sífilis, o cólera e a SIDA. No último, ela mostra as falsas diferenças entre o câncer e a SIDA. Ressalta que, no câncer, o doente se pergunta: por que eu?, na SIDA não. Naquela doença revela-se uma fraqueza do doente, nesta uma irresponsabilidade, uma delinqüência.

Como o câncer deixou, há algum tempo, de ser um pecado, algo terrível a ser escondido, o mesmo deve acontecer com a SIDA no futuro.

Ela ainda é sinônimo de morte, mas o período de vida da pessoa contaminada aumenta e não existe possibilidade de se negar que a doença terá, em breve, as características de uma patologia crônica.

Há pouco Sontag alertava que "tais fantasmas florescem porque consideramos a tuberculose e o câncer muito mais do que como doenças que comumente são (ou eram) fatais. Nós os identificamos como a própria morte" (1984, p. 25) e que "a doença é o lado sombrio da vida, uma espécie de cidadania mais onerosa. Todas as pessoas vivas têm dupla cidadania, uma no reino da saúde e outra no reino da doença" (1984, p. 7).

Susan Sontag acrescenta ainda que "nada é mais punitivo do que atribuir um significado a uma doença quando esse significado é invariavelmente moralista. Qualquer moléstia importante cuja causa é obscura e cujo tratamento é ineficaz tende a ser sobrecarregada de significação" (1984, p. 76).

Também Herbert Daniel ressalta o absurdo do temor que transforma a SIDA em algo mais do que uma doença: "A AIDS é um mito! Como diriam os chineses dos bons tempos, *'é um tigre de papel'*.

Ora, direis, este é um absurdo que vem desmentir todos os dados e fatos. E eu explico que a SIDA é uma doença grave, transmissível e mortal. Não é um 'enigma', mas - como muitas outras doenças - aparece como um desafio. Este desafio é colocado à ciência e à comunidade (e não nesta ordem...). É verdade que, em termos de saúde pública, há um desafio a ser vencido, assim como a questão da fome, do trânsito, da poluição, das doenças cardiovasculares, do câncer, da iatrogênese, etc." (p. 82).

O Brasil é um bom exemplo prático destas características preconceituosas e mistificadoras em relação à SIDA. Os programas governamentais são, na sua quase totalidade, ligados a ministérios ou secretarias de saúde, dirigidos por médicos, que também são considerados pela mídia como as únicas verdadeiras autoridades no assunto.

O resultado é inoperância e fracassos desde 1983, quando se divulgou a morte de Markito, costureiro de renome, primeiro doente brasileiro conhecido.

Naquele momento, definiu-se o perfil nacional da pessoa contaminada: jovem, rico, *gay*. E, raras vezes, tentou-se alterar tal pensamento. A exceção diz respeito às ONGs/SIDA que, preocupadas com a instalação da Síndrome no país, exigiam que o governo tomasse atitude a respeito. Não obtiveram resposta até os dias de hoje.

Em 1984, a SIDA contabilizava 122 casos no Brasil. Os dados oficiais, de abril de 1992, já alcançavam a cifra de 24.704 pessoas com um novo perfil epidemiológico. Se a doença, em 83, atingia a população numa proporção de 30 homens contaminados para cada mulher, em 91 a relação situava-se em seis pessoas do sexo masculino para uma do feminino. A perspectiva é de se chegar a uma realidade onde os portadores estarão numa proporção de 50% para cada sexo.

Percebe-se também que a propagação do vírus ocorre em direção às classes desfavorecidas. Embora inexistam dados oficiais a respeito, observa-se um aumento do número de contaminados entre as pessoas de menor nível cultural, habitantes de vilas e favelas.

Assim, dez anos depois de diagnosticada, a SIDA encontra-se, cada vez mais, instalada no cotidiano dos brasileiros. E esse fato reflete-se nos vários discursos.

O preconceito e a intolerância estampam-se nos discursos reacionários, onde se forma o *aidético*, categoria única, indivisível e, principalmente, separada da sociedade, das pessoas, dos seres humanos. Ele é um inimigo condenado à morte física, considerado sem utilidade para o desenvolvimento social. Tenta-se coisificá-lo.

Uma divisão apenas pode ser tolerada: os *aidéticos culpados* (homossexuais, prostitutas e drogaditos) e os *aidéticos inocentes* (mulheres contaminadas pelos maridos, crianças e hemofílicos).

Alain Molla, sobre este assunto, indignado, manifestou-se: "Como se pode falar de 'SIDA dos inocentes'(isso mesmo que *Le Monde* ousou noticiar no dia 8 de junho de 1989), a respeito de hemofílicos e pessoas contaminadas após várias transfusões. Sim, estas pessoas são inocentes e não procuraram nem a doença nem a morte no instante de sua contaminação! Mas qual é o contrário de 'inocente' senão 'culpado', e o homossexual contaminado é culpado de quê? De ter procurado a doença e a morte pela expressão sexual, o prazer e o amor? Vamos então! Digamos mais explicitamente que ele é culpado porque é homossexual! Como, decididamente, é difícil ser solidário desses estranhos doentes!".

Mas mesmo estas *vítimas inocentes* sofrem com o preconceito e o descaso geral de uma sociedade na qual o individualismo, a competição, a produtividade parecem ser a solução para os problemas; afinal, no imaginário popular, não estão os *aidéticos* aptos a alcançar bons resultados.

Para os fins deste trabalho, acrescente-se que *pessoa com SIDA*, portador do vírus ou doente são termos que serão utilizados como sinônimos. Afinal, as pessoas, quando pretendem discriminar, desconhecem diferenças e, nesse aspecto, embora, em sentido contrário, pode-se lhes dar razão: em todos os estágios da doença, inexistem razões para discriminar ou fazer separações, ter preconceito ou temor.

2 SIDA e Direitos Humanos

Este capítulo mostra quais as linhas básicas do meu pensamento em relação à SIDA e ao Direito, especificamente aos Direitos Humanos que, entendo, devem ser garantidos a todos os portadores do VIH ou doentes.

Conforme a Resolução 41.24, da OMS, elaborada em Genebra, no dia 13 de maio de 1988:

"A quadragésima primeira Assembléia Mundial de Saúde, fortemente convencida de que o respeito pelos Direitos Humanos e dignidade dos portadores do VIH e pessoas com SIDA, bem como membros de grupos populacionais, é vital para o sucesso dos programas nacionais de prevenção e controle da SIDA e para estratégias globais dos Estados-Membros, particularmente na ampliação dos programas nacionais para fora de suas fronteiras, sempre visando à prevenção e ao controle da infecção pelo VIH e à proteção dos Direitos Humanos e à dignidade do portador do VIH e pessoas com SIDA, bem como membros de grupos populacionais e, para evitar ações discriminatórias e estigmatizações dessas pessoas no momento de se empregar, viajar, e garantir a confidencialidade do teste para detecção do VIH".

Inobstante muitas pessoas perceberem-se imunes frente ao poder do Estado e considerarem a tomada de medidas autoritárias por parte daquele como algo não apenas eficaz para conter a violência, mas também como benéfico para a sociedade, há muito e, cada vez mais, posições como essas são minoritárias e vêm perdendo espaço para disposições como as contidas na Declaração Universal dos Direitos Humanos, de 10 de dezembro de 1948, que pregam o respeito pelo homem.

O surgimento de fatos novos, porém, causa uma expectativa muito grande na população e faz, por vezes, ressurgir velhos fantasmas. Aconteceu o mesmo em relação à sífilis e ao cólera em momentos anteriores à descoberta de curas para essas doenças.

Assim ocorre atualmente com a SIDA. A pessoa portadora do VIH acaba encarnando o mal, e o vírus é a maior ameaça de todas. Para corrigir essas distorções, necessita-se de um trabalho de esclarecimento geral, um trabalho de divulgação de informações.

Enquanto esses objetivos não são alcançados, o Direito tem importante função a desempenhar, qual seja, defender os direitos básicos dos doentes de SIDA e portadores do VIH.

Quais são, pois, os direitos fundamentais do doente de SIDA e do portador do VIH? Como defendê-los de forma prática? São questões complexas. Os direitos são os mesmos de todas pessoas, contidos que estão na Declaração Universal. Entretanto, mesmo esses valores são relativizados.

Como aponta Paul Sieghart, o "Estado, desejando justificar uma interferência, limitação ou restrição de um direito fundamental, tenta demonstrar que a restrição é prescrita por lei ou é necessária em uma sociedade democrática para a proteção de um ou outro interesse listado" (p. 12).

Mas essa luta não é fragmentada e reduzida a esses dois campos de saber. Para se tornar eficaz, ela deve ser integralizada e multidisciplinar. Deve envolver todas as formas capazes de desenvolver a pessoa, no sentido de torná-la, cada vez mais, cidadão.

Eis a real dimensão da SIDA: um instrumento de preconceito e de discriminação, forma de alienação e desumanização.

O discurso do *aidético*, categoria única de um ser monstruoso, não serve apenas para estigmatizar os portadores ou detentos, é, antes de tudo, uma forma de dividir a sociedade: os sadios, bons, nós; e os doentes, sujos, maus, eles.

E *eles* nada merecem do que é *nosso*. Ao contrário, de tudo devem ser despojados, que percam casa, trabalho e amigos; *eles* são algo que não deveriam ser, *eles* fizeram algo que não deveriam ter feito.

Contra tal realidade é que me insurjo. Acredito no homem e em sua capacidade de viver harmoniosamente, bastando para isso a possibilidade de que se aproprie de seus direitos fundamentais, de sua cidadania.

Mais do que nunca, necessitamos da retomada da cidadania. Urge o abandono da ignorância, para que se compreenda que a SIDA é apenas uma doença causada por um vírus. É hora de afastar os fantasmas e verificar que o doente pode ser qualquer um. A SIDA é doença, não castigo.

Logo, deve ser tratada e curada, não temida. A informação das formas pelas quais se transmite, em conseqüência, adquire grande importância. Afinal, através dela acaba-se com tentativas de isolamento, de segregação.

Para complementá-la, cabe permitir à pessoa com SIDA a possibilidade de se assumir enquanto ser humano portador de um vírus. Chega de tratá-lo como um cadáver, de decretar sua morte civil. Só assim também ele poderá abandonar os estigmas que carrega e encarar sua individualidade, fator essencial para conquistar a cidadania.

Assim, cabe especificar melhor quais sejam os direitos dos doentes de SIDA e portadores do VIH, sob risco de deixá-los sem direito algum. Meu trabalho é levado para aqueles mais freqüentemente negados e sempre de vital importância.

O art. XXIII, 1, da Declaração dos Direitos Humanos, assegura que "todo o homem tem direito ao trabalho, à livre escolha de emprego, a condições justas e favoráveis de trabalho e à proteção contra o desemprego". E a Constituição diz, no art. 6º, ser o trabalho um direito social, garantindo, no art. 7º, I, ao trabalhador urbano ou rural uma "relação de emprego protegida contra despedida arbitrária ou sem justa causa".

Cabe ressaltar, segundo Márcio Bressan e Ricardo Giuliani Neto, que "a AIDS não se transmite, convivendo-se com portadores do VIH no cotidiano da atividade profissional" (p. 4). Em decorrência disso a Organização Internacional do Trabalho (OIT), através da chamada Declaração de Consenso, definiu que 1) a detecção do VIH não deve ser exigida, em hipótese alguma, para pessoas que solicitam emprego; 2) o trabalhador não está obrigado a informar ao empregador sobre sua situação relativa ao VIH; 3) a infecção por si só não significa limitação para o trabalho, e 4) a contaminação não configura motivo para demissão.

Tendo em vista tais fatos e disposições, cumpre garantir ao doente de SIDA e ao portador do VIH a continuidade da atividade laboral, pois ela, antes mesmo de representar a preservação do meio de subsistência, representa a preservação da vida. Afinal, trata-se da estabilidade emocional da pessoa, situação elementar para a estabilidade físico-clínica do doente e portador. Para isso, conta-se com a difusão das informações corretas, desmistificadoras.

A questão da saúde do portador do VIH e do doente de SIDA é de suma importância. A cura da doença ainda não é conhecida, mas tratamentos eficazes já existem e devem ser assegurados a todos que deles necessitem. Esse direito encontra-se no art. XXV da Declaração de Direitos Humanos ("Todo homem tem direito a um padrão de vida capaz de assegurar a si e à sua família saúde [...]") e, no art. 196 da Constituição: "A saúde é direito de todos e dever do Estado [...]".

Logo, garantindo a saúde e existente um tratamento, o paciente deve ser atendido. Não cabem as alegações de que "o paciente com SIDA é caro" ou "o portador vai morrer mesmo". Essas falsas idéias surgem de preconceitos, da discriminação e do medo; não possuem sustentação científica e devem ser abandonadas. Não se admite a formação de critérios para atendimento, pois a toda pessoa deve ser garantida a assistência médica.

A falta de recursos precisa ser combatida através de políticas sérias. Não se pode compactuar com a discriminação do paciente com SIDA. Ele não pode ser abandonado pelo fato de estar acometido desta e não daquela doença. Ninguém é culpado do mal que o aflige. Logo, o doente com SIDA tem o direito de ser atendido; e os hospitais, os trabalhadores da área de saúde, o dever de atendê-lo.

Se a discriminação parte até mesmo dos profissionais da área de saúde, pessoas teoricamente preparadas para atuar junto a doentes, imagine-se o que não ocorre com quem nunca teve noções a respeito de doenças, formas de infecção, etc. Os horrores cometidos por essa ignorância leva a conseqüências nefastas, como o desrespeito de um dos mais básicos Direitos Humanos, o de ir e vir.

Esse direito encontra-se consagrado na Declaração, art. XIII, 1 e 2, onde se garante a liberdade de locomoção dentro das fronteiras de cada Estado e o direito de deixar qualquer Estado e a ele regressar. A Constituição, se bem que com ressalvas, no art. 5º, XV, diz que "é livre a locomoção no território nacional em tempo de paz".

O que interessa analisar nessa questão é a concepção de SIDA formulada pelas autoridades e sua efetividade, no sentido de controlar a expansão da epidemia.

O cidadão - esta parece ser a posição geral dos países - pode retornar ao seu Estado pátrio, independentemente de sua sorologia positiva no referente à SIDA. Inobstante, muitos países negam vistos para pessoas portadoras do VIH, seja para turismo, estudos, participação em congresso, seja para imigração.

A esse respeito a OMS declarou que "desde que a infecção pelo VIH, já se encontra presente em cada região e, virtualmente, em toda cidade grande do mundo, certamente, a total exclusão de todos (estrangeiros ou cidadãos em circulação) não pode prevenir a introdução e expansão do VIH" (*apud* Sieghart, p. 48).

Assim, qualquer impedimento para a locomoção da pessoa portadora do VIH e doente de SIDA deve ser denunciado como violação dos Direitos Humanos, uma clara demonstração de ignorância por parte dos legisladores ou aplicadores da lei.

O direito à educação está previsto na Constituição Federal, art. 205, nos seguintes termos: "A educação, direito de todos e dever do Estado e da família, será promovida e incentivada com a colaboração da sociedade, visando ao pleno desenvolvimento da pessoa, seu preparo para o exercício da cidadania e sua qualificação para o trabalho".

Quando surge a SIDA, entretanto, tudo se transforma; ela deixa de ser direito, e a sociedade foge do *aidético*. É o que se percebe no caso Sheila, quando uma escola particular de São Paulo se recusou a rematricular uma menina portadora.

Felizmente, após a reação inicial, a questão acabou esclarecida e, inclusive, emitiu-se a Portaria nº 796, assinada pelos Ministros da Educação e Saúde, de 29 de maio de 1992. Nela se proíbe a formação de classes especiais para portadores ou a necessidade de eles declararem sua condição a professores, diretores ou outros membros da comunidade escolar e, recomenda-se, isso sim, a manutenção, a implantação e a ampliação de projetos educativos a respeito da SIDA.

Como nos casos anteriormente denunciados e em muitos outros (direito à privacidade, à liberdade, à segurança, etc.), os portadores do VIH e doentes de SIDA vêm tendo, sistematicamente, seus direitos básicos negados. A legislação, por ser ampla, permite tais ocorrências, que poderiam ser evitadas com a democratização da informação. Isso, porém, não acontece; afinal, o medo, o terror da contaminação pelo vírus da SIDA se presta a múltiplas funções, entre as quais, o fortalecimento do aparelho repressivo do Estado.

Cabe, portanto, para o enfrentamento do que Jonathan Mann chamou de terceira epidemia (a epidemia das reações sociais, culturais, econômicas e políticas à SIDA), reações "tão fundamentais para o desafio global da SIDA quanto a própria doença" (*apud* Daniel e Parker, p. 13) uma tomada de posição quanto à atual forma de ação do Estado, repressiva e não educativa.

Precisa-se de um novo Estado, que abandone o espírito de competição pela solidariedade, que troque a repressão pela prevenção.

Para isso, abandone-se o interesse imediato e se passe a ver o futuro, se prepare uma verdadeira revolução dos costumes para que o homem veja no seu semelhante um amigo, um parceiro e nunca um adversário. Incentivem-se a reflexão sobre atos do dia-a-dia, as relações com o outro, seja o marido, a esposa, os pais, filhos, sejam os vizinhos.

Dessa forma, estar-se-á transformando as leis e, mais do que isso, prevenindo novas gerações do vírus da ignorância, do medo - em relação à SIDA ou à outra doença qualquer.

3 Conflitos no paradigma tradicional

3.1. PAPEL E ATUAÇÃO DO DIREITO

Nesta etapa do trabalho, a proposta é a de, com base na doutrina, legislação e no imaginário de juristas e outros profissionais que abordam a relação entre SIDA e Direito, analisar quais os conflitos percebidos como relevantes em relação à doença e às ações que julgam ser do Direito no sentido de impedir sua propagação, bem como as soluções propostas aos casos concretos.

A legislação a respeito da SIDA começa a surgir em 1983, na Suíça, menos de dois anos depois do diagnóstico da doença e dois anos antes de o teste do VIH tornar-se amplamente disponível. Nos anos seguintes, Tomasevski (p. 250) informa que o crescimento foi espantoso, passando de 13 países ainda em 1983 a 39 em 1985 e 104 em 1990.

No Brasil, a primeira portaria data de 1985 e diz respeito ao Programa de Controle da Síndrome, atribuindo à Divisão Nacional de Dermatologia Sanitária a adoção de medidas de controle, notificação, difusão, informação, educação sanitária e técnica.

A Lei nº 7.649, de 25 de janeiro de 1988, a primeira sobre o assunto, versa sobre a obrigatoriedade de os hemocentros e de os bancos de sangue manterem registros de doadores e realizarem testes de laboratório com o sangue coletado para verificação da presença de VIH.

O grande impulso para a implementação de legislações parece ter sido a disponibilidade do teste. Muitas versam sobre sua realização e o encaminhamento que deve ser dispensado a quem o teste indicar portador (isolamento, segregação, etc.).

Não há dúvida de que esta relação entre a SIDA e o Direito existe, e ele deve assumir posições no sentido de enfrentar a questão proposta por aquela, de forma global e particular (Casabona, 1993A, p. 7; Buzaglo, p. 395; Rudnicki, 1993, pp. 242-243). As discussões giram em torno de como serão postas em prática.

Analisando essa forma, no que diz respeito aos modelos propostos de gestão de presos soropositivos, Darbeda formulou um quadro que, sem grandes adaptações, pode ser transposto da instituição fechada para a sociedade:

"O primeiro modelo, que se poderia chamar de gestão autoritária, caracteriza-se pela testagem obrigatória, o isolamento de prisioneiros soropositivos, as restrições de acesso a oficinas e pátios de esporte, a negativa de colocar à disposição dos detidos preservativos.

O segundo modelo é o da gestão liberal do VIH, do qual as principais características são a testagem voluntária, a não-discriminação, o desenvolvimento de medidas de prevenção e a possibilidade de utilizar preservativos, o apoio psicossocial, etc." (p. 825).

Embora não seja esse o objetivo desta fase do trabalho, essas posições serão facilmente percebidas no decorrer da mesma e é de suma importância, desde já, percebê-las. É de se destacar também que, no referente à SIDA, não existe expectativa de que o Direito seja responsável ou possa ser responsabilizado por responder às diversas questões suscitadas, apontando invariavelmente respostas.

Casabona diz ser "certo que o Direito tem um pequeno papel a desempenhar, apelando à responsabilidade social e individual" (p. 8) e a advogada do Grupo Pela Vidda, Miriam Ventura da Silva, afirma que "Apesar de reconhecermos que a via judicial por si só não é suficiente nem cem por cento eficiente para a solução deste grave problema social e de saúde pública, consideramos que é ainda um instrumento de pressão capaz de atender minimamente a quem nos procura" (pp. 45-46).

Inicialmente, indico como demonstrativo da função reservada para o Direito o Projeto de Lei nº 2.843/92, do deputado Geraldo Alckmin Filho, e a Indicação nº 158/92, do deputado Eliel Rodrigues à Comissão de Seguridade Social e Família do Congresso Nacional, que reproduzo a seguir:

"Senhor Presidente.

O problema representado pelo avanço do número de casos de AIDS entre os brasileiros requer de nós ações firmes e objetivas. Em matéria publicada no jornal *Correio Braziliense* do dia 28 de junho último, informa-se que, desde 1980 até o mês de maio de 1992, já foram registrados vinte e seis mil, setecentos e vinte e quatro casos. Desse total, novecentos e oitenta e nove referem-se a crianças com até quinze anos de idade, das quais quatrocentas e oitenta e quatro já morreram.

Condenando qualquer forma de discriminação dos doentes de AIDS, é preciso, porém, repensar a questão de se criarem registros cadastrais dos portadores do vírus VIH, bem como a conveniência de se exigirem exames médicos específicos para determinadas situações, como na admissão ao emprego e no caso dos nubentes. Há de se ponderar a utilidade desses expedientes em face da não-desejada discriminação e em face da necessidade de controle da doença.

Mas a questão que de fato merece toda a nossa atenção é a referente à transmissão do vírus, que, como sabemos, pode ser via sexual, corrente sangüínea e perinatal.

A Inglaterra e a Suécia já dispõem de legislação específica. Entre nós, o jurista Evaristo de Morais, do Rio de Janeiro, alinha-se aos muitos que, como nós, pugnam por uma punição severa, em âmbito penal, para os casos de transmissão intencional, deliberada, da AIDS. Essa punição deve ter em mira, primordialmente, os portadores do vírus e os bancos de sangue.

Creio, outrossim, que, dada a relevância do assunto, que é de interesse público, a Comissão indicada deveria realizar reuniões de audiência pública com entidades da sociedade civil, para instruir matéria legislativa a respeito, a qual espero ver tramitando o mais breve possível.

Assim, nos termos da art. 113, II, do Regimento Interno, apresento à Mesa, Senhor Presidente, a presente indicação no sentido de colher a opinião da Comissão de Seguridade Social e Família sobre a elaboração de projeto de lei, disciplinando as sanções penais para a transmissão deliberada do vírus da AIDS, visando a proteger a vida e a saúde da população brasileira".

Dessa maneira, o Direito vai agir no tangente à prevenção da epidemia e na resolução de lides surgidas em decorrência da SIDA. Terá suas funções, que vão variar da autoritária (repressiva) à liberal (preventiva), determinadas conforme o entendimento do autor, sua visão de mundo.

Não se entenda que a referência à *doutrina tradicional* seja pejorativa. Tradicional diz respeito à atuação dentro de um paradigma no qual vige o modelo jurídico monista (estatal) liberal-individualista. A elaboração de leis e de artigos. com propostas de intervenções no sentido de prevenção da expansão da SIDA inclui dentro deste paradigma posições conservadoras e progressistas.

Além do racional, também o sentimento influencia a atuação do jurista. E, conforme o ramo no qual se atua, percebem-se diferentes discursos. Logo, nos discursos, ao tratar de direitos como o referente à casamento, família, educação, herança, viagens, etc., sentem dó, pena, compaixão; e, no referente a questões penais, medo, raiva, ódio.

Muitos artigos referem-se longamente às questões penais ou tratam apenas delas. Neles, por vezes, a pessoa com SIDA é tratada como assassino potencial (Ghersi: "(...) en nuestra opinión el enfermo de SIDA, representa un estado peligroso de agresión o ataque" (p. 171).

Esse estudo adquire grande importância também para demonstrar o desconhecimento dos juristas sobre o tema, refletindo por sua vez o da população.

Apresentamos uma pérola colhida no sistema judiciário gaúcho, Processo-crime nº 01390093473, da Comarca de Porto Alegre, estrelada por um magistrado. Eis o teor do despacho datado de 30 de outubro de 1992 e dirigido ao GAPA.

"Senhor Diretor:

Pelo presente, solicito seja realizada uma visita ao acusado P. A. P. D. S., residente na Rua [...], para avaliar a necessidade de exames médicos com a finalidade de responder à promoção do Ministério Público, sobre o seguinte:

a) se o acusado tem condições de locomoção a este juízo;

b) caso haja condições de locomoção, se esta pode ser imediata e,

c) se há perigo de contágio, eis que é portador do vírus da AIDS.

Suas diligências instruirão os autos [...]".

Outro texto que demonstra como a falta de conhecimento pode levar, como procuro demonstrar no correr do trabalho, a uma opção por atitudes discriminatórias é este, datado de 1992, incluso no Processo nº 01383102660:

"A seguir foi determinado pelo Dr. Juiz que se registrasse o seguinte despacho: o co-réu J. F. da S., automásia "N.", trouxe ao conhecimento deste Juízo, conforme documentado nos autos, sua situação de aidético e a falta de cuidados nos atos da administração penitenciária, no que diz com o transporte de presos com doenças infectocontagiosas. Doentes com tuberculose e virose hepática estão sendo transportados sem nenhum cuidado profilático, colocando em risco os usuários do sistema judiciário; os próprios agentes se confessam revoltados com a situação; nem ao menos por um dever de urbanidade comunicam aos agentes que o preso é portador de uma doença que pode causar uma expansão epidêmica. Estou diante de uma curiosa situação surrealista, não se trata de mais um exemplo de mistificação, o apenado qual um morto-vivo, dá conta de sua situação e de preocupação com todos que o rodeiam, mostrando que, apesar de criminoso, tem a intenção de se manter dentro dos valores médios da sociedade em que vive. Sua sabedoria nutre-se também de um pouco da experiência dos homens que ainda possuem um resquício de honra, dentro da média. Fica certo que a continuidade dos atos de insegurança do transporte de presos doentes poderá causar efeito na sociedade civil, não se trata de 'petit histoire' e sim de uma grave acusação por parte do preso, que não posso deixar em branco, pois tenho interesse em preservar a sociedade que represento, e dela sou integrante, assim, posto que certo de abordar um tema aborrecedor, determino que se dê ciência inequívoca ao sr. Secretário da Justiça, nos termos deste despacho".

3.2. CLASSIFICAÇÃO DA DOENÇA

Destaque-se um outro aspecto relativo ao conceito de SIDA, importante para percepção da visão jurídica tradicional, que é o conceito clínico, sua variação. Afinal, diante de uma doença pouco conhecida, ele pode ser facilmente alterado. Ou seja, mais uma vez percebe-se um discurso neutro, encobrindo uma decisão política. Afinal, novos doentes significam novos conflitos.

Mcgovern alerta que, nos Estados Unidos, "usando uma definição de AIDS restrita, o governo consegue manter o número de pessoas afetadas pela epidemia artificialmente baixo. Cada vez que o governo reconhece uma outra doença como AIDS, milhares de pessoas novas recebem um diagnóstico de AIDS" (p. 23).

Exemplificativamente, pode-se afirmar que uma pessoa contaminada só é aposentada por invalidez se possui diagnóstico mostrando sinais característicos de doença que oportunize tal benefício. Assim, simples alterações, no relativo à classificação da doença, repercutem no cotidiano das pessoas convivendo com SIDA. A classificação da SIDA pode gerar também políticas repressivas de prevenção. Afinal, "dependendo da legislação local ou nacional para controle de doenças, até a forma de classificação de uma doença pode levar a um exame médico compulsório ou hospitalização" (Tomasevski, p. 243).

3.3. QUESTÕES PÚBLICAS

Inexiste um discurso que se possa afirmar científico e eficiente no que tange às questões que classifico como públicas: obrigatoriedade do isolamento e testagem compulsória, relacionando-se elas com o direito de ir e vir e a privacidade. As verdades nesses questionamentos partem de opções político-filosóficas pelo discurso repressivo ou preventivo.

O único fator de força para imposição de uma forma de atuação são valorações éticas. Assim, inúmeras recomendações da ONU/OMS indicam que o enfrentamento do problema deve ocorrer limitado pelo respeito aos Direitos Humanos. Já as expus. Desenvolvo novos aspectos, outras opiniões.

3.3.1. Isolamento

Em "Informe de una consulta internacional sobre el SIDA y los derechos humanos", patrocinado pela ONU, afirma-se que "(...) es necesario respetar los derechos humanos y evitar toda discriminación. No hay ninguna razón de salud pública que justifique el aislamiento, la cuarentena ni ninguna otra medida discriminatoria basada exclusivamente en el estado de infección de una persona. Por consiguiente, toda discriminación contra las personas infectadas por el VIH amenaza no solo los derechos humanos sino también la prevención eficaz de la propagación del VIH" (p. 61).

Conforme essas idéias, encontramos Limongi França (p. 16) e Douraki. Esse alerta para o fato de que o "problema da SIDA revelou lados obscuros da sociedade ocidental, entre outros, um racismo e uma tendência a rejeitar certas categorias de pessoas, como os homossexuais, as prostitutas, os drogaditos, os negros, em as marginalizando ao máximo." (p. 234).

Interessante destacar que, na pesquisa realizada, não encontrei um único jurista que defendesse o isolamento. Mas, conforme Tomasevski, China, Chile, Cuba, República Dominicana, Finlândia, Coréia, Kuwait, Malásia, Malta, Mônaco, Panamá, Polônia, Romênia, África do Sul, Suécia, Reino Unido e Vietnã são países que, com base na sorologia para o VIH, impõem restrições (isolamento ou hospitalização).

3.3.2. Testagem compulsória

Se é difícil, moralmente, defender posições de isolamento, não o é quando se trata de propor a obrigatoriedade da testagem compulsória. Os exemplos afloram. Conforme Tomasevski (pp. 256-257), Cuba testou 75% da população e a Bulgária 45%; os EUA, Itália, México, Uruguai testaram a população carcerária; a Indonésia, Belize e Coréia do Norte, os profissionais do sexo; a Itália, Tailândia e URSS, os dependentes de droga; a Guatemala, Síria, Tunísia e URSS, os homossexuais.

Em nível nacional, cita-se o Projeto de Lei nº 801[3], de 1991, do deputado Avenir Rosa, que pretendia obri-

---

[3] A proposta foi arquivada em 7 de novembro de 1994.

gar todo trabalhador a ser testado no momento de sua admissão, sendo esse teste repetido a cada seis meses. A justificativa, conforme texto do mui digníssimo deputado federal, encontra-se no fato da "alta incidência, no Brasil, de uma doença letal como a AIDS, ainda mais considerando-se que os portadores assintomáticos do vírus VIH permanecem, durante anos a fio, como transmissores em potencial, plenamente justifica sua detecção precoce em exames de massa".

No Rio Grande do Sul, partindo de iniciativa do deputado João Odil Haas, existiu o Projeto de Lei nº 138/90, que pretendia obrigar a realização de teste para detecção do VIH nos condenados a cumprimento de pena nos presídios do estado, bem como na Fundação Estadual de Bem-Estar do Menor. Inclusive com parecer favorável da Comissão de Constituição e Justiça.

Em sentido contrário, Alain Molla denunciava que "a SIDA coloca em perigo a liberdade. E o primeiro combate do jurista, sua primeira ação deve ser de calar aqueles que escolheram de a censurar, em opondo saúde pública e liberdade individual. Eles o fazem pela reiteração obstinada, histérica, da promoção de testagem, que eles querem, evidentemente, obrigatória e generalizada." (p. 10).

Douraki (p. 238), igualmente contrário à testagem compulsória, alerta para a dificuldade de sua realização devido aos custos elevados e ao falso sentimento de segurança que pode ser criado. Falso devido à possibilidade de resultados errôneos - caso muito freqüente tendo em vista que os exames conhecidos buscam a percepção do anticorpo e não do próprio vírus, o que resulta em período - janela imunológica - em que a pessoa contaminada fornece resultado conhecido como falso negativo.

Tomasevski (p. 263) confirma essa ineficácia, citando exemplos. O primeiro relata experiência realizada em Illinois, EUA, onde se tornou obrigatório o teste antivih pré-nupcial. Um ano depois dessa exigência, o número de certidões diminuiu 22% e dos 155 mil candidatos testados apenas 26 eram soropositivos, o que resultou em um custo de 208 mil dólares para cada resultado positivo. Implantada em 1º de janeiro de 1988, a medida foi revogada em 1989.

O segundo exemplo é soviético e mostra que enquanto o teste obrigatório de quatro milhões de grávidas identificou seis mulheres portadoras, o teste voluntário de 19 mil pessoas (Tomasevski, p. 264) identificou quatro, ou seja, foi mil vezes mais eficaz que aquele.

Ressalte-se que a pouca eficiência da testagem inclui as ditas instituições totais, quer seja em decorrência da janela imunológica, quer seja porque as instituições não são tão *fechadas* quanto se acredita.

Barros, também para negar a testagem compulsória, alega que "de nada adiantará a adoção de medidas de identificação de portadores do VIH entre aqueles que ingressam no sistema prisional se, efetivamente, não se puder desenvolver um atendimento subseqüente adequado e que respeite a dignidade da pessoa" (p. 7).

3.3.3. Direito de ir e vir

Também no sentido de se proteger, restringindo os direitos dos outros, encontra-se a restrição da liberdade de locomoção dos soropositivos. É outra atitude que, sem embasamento científico, pode ser posta em prática sem qualquer espécie de inibição. Acontece, por exemplo, nos Estados Unidos.

Essa atitude repercutiu mal, sobretudo, em dois momentos: o primeiro aconteceu quando da detenção de Hans-Paul Verhoef no aeroporto onde desembarcava. Verhoef participaria de uma conferência internacional, e agentes alfandegários descobriram AZT (remédio para a SIDA) em sua bagagem. Foi detido por constituir séria ameaça à saúde pública norte-americana (Tomasevski, p. 262).

O segundo ocorre por ocasião da VIII Conferência Internacional sobre SIDA, prevista para ser realizada em 1992 nos Estados Unidos. A legislação norte-americana, porém, proibindo a entrada de portadores, foi questionada e em o governo não se propondo a revogá-la, apenas a permitir a entrada de congressistas soropositivos, desde que tal condição fosse revelada no passaporte do portador resultou na transferência da Conferência, de Boston para Amsterdã.

No âmbito internacional, conforme análise da OMS, vige o Regulamento Internacional de Saúde, que impede a recusa de visto ou entrada de uma pessoa pela razão única de não apresentar certificado médico, declarando não ser ela soropositiva (Tomasevski, p. 258).

No Brasil, vige a Portaria nº 07/GM, do Ministério da Saúde, de 05 de janeiro de 1989, que não permite a estrangeiro que constitua risco à saúde pública, a entrada no território nacional. Qualificando como tal, entre outros, o portador de doença transmissível.

Para interpretação dessa Portaria, existe deliberação da Comissão Nacional de Controle e Prevenção da AIDS (publicada no Boletim Epidemiológico nº 07, de 1990, do Ministério da Saúde). Conforme o documento, tendo em vista o quadro epidêmico da SIDA no país, a testagem de estrangeiro não é meio próprio para a contenção da doença, podendo-se, pois, concluir que eles não representam perigo à saúde pública nacional.

3.3.4. Direito à privacidade

No que tange ao direito à privacidade, a doutrina tradicional o afirma como um direito da pessoa com SIDA; um direito, destaque-se, não absoluto (Pedrotti, p. 298). É unânime para a doutrina que cabe à pessoa decidir a respeito de a quem quer informar sobre sua condição sorológica, garantindo-lhe sua intimidade (assim também França, p. 16; Popp, p. 18; e Silva, p. 13).

Tanto que, para Cureau - com base no texto constitucional brasileiro vigente - possuem direito o "doente e o soropositivo, ao sofrerem qualquer tipo de violação de sua intimidade, honra ou imagem, decorrente da quebra de confidencialidade (caso mais comum), ou de qualquer outra causa, de buscar a reparação desse dano, seja através de indenização em dinheiro, seja exigindo de quem causou o prejuízo que faça as coisas, na medida do possível, retornarem ao estado anterior" (p. 17).

Para ajuizamento, cabe ação cível de indenização com base no art. 159 do Código Civil[4] (Popp, p. 148-149) ou ação penal (Silva, p. 41), enquadrando a violação da intimidade no tipificado pelo art. 154 do Código Penal[5].

Limongi França expressa bem o tom relativo dado pela doutrina ao direito de escolher a quem informar sobre a soropositividade, limitando-a ao "dever de fazê-lo toda vez que possa colocar a outrem em risco de contaminação" (p. 16).

3.3.5. Educação

O direito à educação é destacado pela doutrina mais recente do país. A razão encontra-se na comoção nacional resultante do caso da menina Sheyla, ocorrido em São Paulo em 1992. A menina foi impedida de se matricular na escola particular onde estudava pelo fato de estar contaminada com o VIH.

Logo, Pedrotti (p. 298) e Silva (p. 53), amparados pela Portaria nº 796/92 dos Ministérios da Educação e

---

[4] CC, art. 159. Aquele que, por ação ou omissão voluntária, negligência, ou imprudência, violar direito, ou causar prejuízo a outrem, fica obrigado a reparar o dano.

[5] CP, art. 154. Revelar alguém, sem justa causa, segredo, de que tem ciência em razão de função, ministério, ofício ou profissão, e cuja revelação possa produzir dano a outrem.

Saúde, editada por influência do caso, dizem que as escolas não podem recusar alunos com SIDA.[6]

3.3.6. Desporto

A possibilidade da prática de esporte por pessoa contaminada sem risco de contágio para terceiro é garantida pelo material do Ministério da Saúde "Implicações Éticas da Triagem Sorológica do VIH" (p. 25). Segundo ele, existe direito à prática, pois o risco é apenas teórico, não havendo casos comprovados de transmissão nestas situações. O artigo ressalta que a preocupação maior é com o desgaste físico do atleta.

3.3.7. Trabalho

Bressan e Giuliani Neto clamam que "a AIDS não se transmite no local de trabalho. Essa é uma das razões pela qual a exigência do exame antivih para a habilitação a emprego é condenada, inclusive pelo organismo das Nações Unidas para as questões do trabalho" (p. 4). Silva reafirma esse ponto de vista, citando o Código de

---

[6] Portaria Interministerial nº 796/92:

Art. 1. Recomendar a observância das seguintes normas de procedimentos:

I - A realização de teste sorológico compulsório, prévio à admissão ou matrícula de aluno, e a exigência destes para manutenção da matrícula e de sua freqüência nas redes pública e privada de ensino de todos os níveis, são injustificadas e não devem ser exigidas.

II - Da mesma forma não devem ser exigidos testes sorológicos prévios à contratação e manutenção do emprego de professores e funcionários, por parte de estabelecimentos de ensino.

III - Os indivíduos sorologicamente positivos, sejam alunos, professores ou funcionários, não estão obrigados a informar sobre sua condição à direção, a funcionários ou a qualquer membro da comunidade escolar.

IV - A divulgação de diagnóstico de infecção pelo VIH ou de AIDS de que tenha conhecimento qualquer pessoa da comunidade escolar, entre alunos, professores ou funcionários, não deve ser feita.

V - Não deve ser permitida a existência de classes especiais ou de escolas específicas para infectados pelo VIH.

Ética Médica, art. 105[7], a Constituição Federal, art. 5º, X,[8] a Portaria Interministerial nº 796/92 e a nº 869/92. Em sentido contrário, o já citado Projeto de Lei nº 801/91, do deputado federal Avenir Rosa.

Esse entendimento do deputado é francamente minoritário; Pedrotti (p. 299) e Casabona (1994, pp. 9-10) são também exemplo de juristas que contra ele se colocam. Acrescentam que a pessoa com SIDA pode continuar trabalhando, devendo apenas tomar as medidas necessárias para evitar o contágio.

Os empregados têm direito a receber o FGTS e o PIS, bem como auxílio-doença ou, se o caso for mais grave, se aposentar por invalidez (Silva, p.34). Ghersi (p. 169) lembra que o trabalho gera para o empregador o dever de colocar à disposição do empregado os meios necessários para o exercício da função sem riscos. No Brasil esses direitos encontram-se garantidos pela Lei nº 7.670/88.

Mas a grande questão que se impõe é a que diz respeito à rescisão do contrato de trabalho individual de trabalho. Silva destaca que "o direito à reintegração das pessoas com VIH e AIDS ao trabalho é o autêntico direito constitucional ao trabalho" (p. 29). Conforme a autora, as assessorias de ONGs obtiveram tal conquista em poucos casos, com base na Constituição Federal, em princípios jurídicos trabalhistas e recomendações e convenções da Organização Internacional do Trabalho (p. 31).

---

[7] CEM, art. 105. Revelar informações confidenciais obtidas quando do exame médico de trabalhadores inclusive por exigência dos dirigentes de empresas ou instituições, salvo se o silêncio puser em risco a saúde dos empregados ou da comunidade.

[8] CF, art. 5. Todos são iguais perante a lei, sem distinção de qualquer natureza, garantindo-se aos brasileiros e aos estrangeiros residentes no País a inviolabilidade do direito à vida, à liberdade, à igualdade, à segurança e à propriedade, nos termos seguintes: X - são invioláveis a intimidade, a vida privada, a honra e a imagem das pessoas, assegurado o direito à indenização pelo dano material ou moral decorrente de sua violação.

Sobre esse assunto, em ementa de processo julgado em Curitiba, na 5ª Junta de Conciliação e Julgamento, lê-se que o "papel social da empresa abrange o campo previdenciário (Const. Federal, Tít. VIII - da Ordem Social - art. 194). A empresa tem responsabilidades na área da prevenção contra a AIDS, nos locais de trabalho (Port. Interministerial nº 3.195/88). Exigência de justificação social representa limite ao direito potestativo do empregador quanto à dispensa (Const. Federal, art. 7º, I; CLT, art. 165). Legislação de amparo aos portadores da AIDS e vedação jurídica para seu despedimento (Dec. nº 611/92, art. 142; Lei 7.853/89, art. 8º, III, constitui crime negar trabalho às pessoas deficientes sem justa causa); direito à remuneração integral, nos primeiros 15 dias consecutivos de afastamento (art. 73); licenciamento (art. 78) e auxílio-doença, independentemente de carência, pelo período de 12 meses (art. 294); no retorno ao trabalho, direito a todas as vantagens concedidas à categoria (CLT, art. 471); no caso de segregação compulsória, aposentadoria, que independerá de auxílio-doença prévio e de exame médico pericial (Dec. nº 611, art. 42, § 3º), tanto quanto o levantamento dos valores correspondentes do FGTS, de rescisão contratual (Lei nº 7.670/88), valendo ambos a partir da data da segregação".

Em sentença a Junta coordenada pelo juiz Roberto Pereira: "Aos 26/02/93, por unanimidade, o Colegiado acolheu o pedido de nulidade da rescisão operada. Sendo impossível a reintegração do empregado ante a progressão da doença, a empresa pagará indenização no valor dos seus salários integrais, pelos primeiros 15 dias do afastamento, e no valor previsto no RBPS, a título de auxílio-doença, até o pagamento de tal verba pelo órgão previdenciário competente" (jurisprudência citada no Boletim Informativo nº 7, do Instituto de Apoio Jurídico Popular).

3.3.8. Assistência social

Silva ressalta que, com base na Constituição Federal, arts. 203, IV e V[9], e 204, I e II[10], é possível garantir assistência às pessoas com SIDA. Segundo ela, como prova sua atuação profissional, ação judicial que conjugue os artigos supracitados pode obter o pagamento de benefícios mensais para pessoas completamente sem recursos.

A autora destaca "que o artigo fixa em um salário mínimo mensal o benefício da assistência social, porém, como o salário mínimo vigente é insuficiente até mesmo para compra dos medicamentos mais simples no tratamento de infecções oportunistas, fazemos um duplo pedido, ou seja, a prestação alimentar e o fornecimento de todo o medicamento e exames necessários ao tratamento. Caso os réus não cumpram com a obrigação de fornecer os medicamentos, exames e internações etc. converte-se a obrigação de fazer em obrigação de pagar uma soma em dinheiro suficiente para que possa a pessoa custear diretamente seu tratamento, comprovando judicialmente o destino da verba" (p. 45).

---

[9] CF, art. 203. A assistência social será prestada a quem dela necessitar, independentemente de contribuição à seguridade social, e tem por objetivos: IV - a habilitação e reabilitação das pessoas portadoras de deficiência e a promoção de sua integração à vida comunitária; V - a garantia de um salário mínimo de benefício mensal à pessoa portadora de deficiência e ao idoso que comprovem não possuir meios de prover a própria manutenção ou de tê-la provida por sua família, conforme dispuser a lei.

[10] CF, art. 204. As ações governamentais na área da assistência social serão realizadas com recursos do orçamento da seguridade social, previstos no art. 195, além de outras fontes, e organizadas com base nas seguintes diretrizes: I - descentralização político-administrativa, cabendo a coordenação e as normas gerais à esfera federal e a coordenação e a execução dos respectivos programas às esferas estadual e municipal, bem como a entidades beneficentes e de assistência social; II - participação da população, por meio de organizações representativas, na formulação das políticas e no controle das ações em todos os níveis.

3.4. Questões penais

Escrevi: "no Direito Penal, por ser aquele que coíbe os ilícitos jurídicos mais graves, com a mais temida das sanções - a pena privativa de liberdade -, percebe-se com grande clareza a oposição de opiniões a respeito do papel do Direito na prevenção da SIDA" (1993, p. 243).

Assim a opinião já citada de Ghersi ("el enfermo de SIDA, representa um estado peligroso de agresión o ataque", p. 171) ou o entendimento de Buzaglo, para quem "o Direito Penal desempenhará função muito mais repressiva do que preventiva" (p. 395).

Em sentido contrário, há quem destaque a autodisciplina, mudança voluntária de comportamento, respeito à liberdade individual, solidariedade, integração. Por esses caminhos andam opiniões de juristas como Danti--Juan (p. 639), Míriam Silva (1993, p. 36), França (p. 20) e os responsáveis pelo "Informe de una consulta internacional sobre el SIDA y los derechos humanos" (p. 89), bem como os signatários de Moção do 16º Congresso do Sindicato dos Advogados da França.

Spinellis resume bem a idéia destes doutrinadores: "as disposições penais não constituem o meio mais eficaz para prevenir a SIDA: eles não são mais que um dos meios que se pode utilizar dentro do quadro de uma estratégia global de luta contra a propagação dessa doença. Inicialmente, não seria fácil de influenciar, pela ameaça de sanções penais, pessoas que se consideram destinadas à morte. Além disso, essas pessoas serão menos influenciadas se tiverem o sentimento de serem párias. Tal atitude, diante de pessoas contaminadas, cria e encoraja uma mentalidade de 'desesperados', que pode incitá-los a cometer infrações ligadas à transmissão da SIDA.

[...]

Além do mais, uma pessoa infectada cujo comportamento, hoje, é passível de sanções penais é a vítima de ontem. Ela deveria ser tratada com simpatia e compreensão e receber proteção e assistência da parte de seus concidadãos. Assim, parece muito mais lógico exigir dela que faça prova, por sua vez, de solidariedade perante as pessoas não-infectadas, em lhes informando e protegendo-se da doença. Mas como uma tal orientação geral não impedirá, sem dúvida, que certas pessoas adotem um comportamento delituoso, é compreensivo que a sociedade reaja, em último caso, através de medidas penais." (p. 369).

Portanto, eles combatem a idéia de que o infectado seja o responsável pela expansão da Síndrome. Procuram, ao invés de afastar essas pessoas da sociedade, atraí-las, para que não se sintam obrigadas a se esconder; buscando não seu isolamento, mas a facilidade para que se aproximem dos serviços de atendimento.

Deve-se partir de um pressuposto lógico adotado pela ONU no "Informe", qual seja, o de que poucos "seres humanos se proponen matar a otras personas infectándolas expresamente, y no se puede partir del supuesto de que las personas infectadas por el VIH han de obrar de manera irresponsable" (p. 89).

Ainda, antes da análise dessas questões, será interessante contar um caso da esfera da atuação do Direito Penal na prevenção da SIDA. É a historieta dos *Vampiros da Morte* de Pelotas.

O palco da narrativa é uma cidade do interior do Rio Grande do Sul com uma população de 300 mil habitantes. Coincidentemente conhecida como uma das capitais *gays* do país.

Ali, no dia 11 de julho de 1993, um jornal local, *Diário Popular*, publicou entrevista com psicólogos do Grupo de Amor à Vida (GAV), uma ONG/SIDA, na qual eles denunciavam a existência de prostitutas e travestis, portadores do VIH, que estariam disseminando, propositadamente, o vírus na população da cidade.

Instaurou-se inquérito policial no qual nada de concreto foi apurado, segundo afirmação do próprio delegado responsável, *in* jornal *Zero Hora*, no dia 18 de agosto de 1993. Logo após, numa segunda etapa do inquérito, o delegado chamava novamente os psicólogos para depor e os ameaçava com o Código Penal se continuassem a se negar a indicar os nomes dos componentes do grupo que antes denunciaram, *in Correio do Povo*, 28 de setembro de 1993.

Zero Hora, no dia 28 de fevereiro de 1994, informava que o mistério prosseguia, persistindo a dúvida sobre a existência ou não do grupo. Conforme o novo delegado encarregado do caso a "lei do silêncio" estaria dificultando as investigações, e o novo promotor reclamou da postura do diretor do Centro de Apoio e Orientação Sorológica que, sob argumento de direito do paciente a sigilo, omitia informações às autoridades.

Ainda, o *Correio do Povo*, do dia 24 de setembro de 1994, informava que a polícia de Cruz Alta, outra cidade do interior gaúcho, estaria investigando novos "Vampiros", que transmitiriam a doença por meio de relações sexuais e através da injeção de sangue contaminado em frutas e iogurtes...

3.4.1. Transmissão dolosa

Mas é possível que a infecção dolosa ocorra e, como conseqüência, a doutrina percebe a realização de conduta típica. Para Buzaglo, "com dolo de dano e não de perigo, a conduta encontrará enquadramento nos crimes de homicídio doloso ou lesão corporal dolosa" (p. 396) e Casabona diz entender "que a mera soropositividade já constitui uma lesão corporal, posto que é evidente o prejuízo para a saúde (física e psíquica) do afetado" (1994, p. 8).

Danti-Juan acrescenta que a jurisprudência resolve o fato da existência de lapso de tempo entre a comissão do ato e o surgimento do dano, em sendo possível estabelecer relação de causalidade. "Também a modificação do dano (soropositividade, depois SIDA, depois morte) será levada em conta pelos juízes, que poderão modificar a qualificação penal ao longo do tempo no qual a infração não houver dado lugar a um julgamento definitivo." (pp. 637-638).

A dificuldade percebida pela doutrina está em estabelecer provas da transmissão. O "Informe" ressalta que uma "acción penal tendria repercusiones en el derecho a la vida privada y su aplicación plantearia difíciles problemas de establecimiento de pruebas" (p. 88). Também Spinellis, para quem "os casos nos quais a transmissão do VIH pode ser estabelecida de maneira segura são muito raros." (p. 366).

Assim, se na seqüência de relações sexuais ocorre o contágio, em tendo existido e sendo provada a conduta dolosa, pode configurar-se para Silva (pp. 38-39), crime previsto no Código Penal, art. 129, § 2º, II[11] ou art. 131[12]. Na doutrina francesa, Danti-Juan (p. 637) confirma o entendimento, enquadrando a ação nos arts. 319 e 320 do Código Penal francês[13].

Um tribunal de Munique, citado por Spinellis (pp.353-354), julgando uma prostituta contaminada que fora alertada a fim de abandonar sua profissão, e quando de relações sexuais particulares utilizar preservativos, não tendo adotado nenhuma das condutas, estimou estar diante de caso de dolo eventual. Em não havendo que se soubesse, nenhuma pessoa contaminada, decidiu

---

[11] CP, art. 129, 2, II. Ofender a integridade corporal ou a saúde de outrem: se resulta: enfermidade incurável.

[12] CP, art. 131. Praticar, com o fim de transmitir a outrem moléstia grave de que está contaminado, ato capaz de produzir o contágio.

[13] CP francês, art. 319. Tradução livre: Toda pessoa que, por desconhecimento, imprudência, desatenção, negligência ou inobservância de regulamentos cometer involuntariamente um homicídio, ou involuntariamente lhe der causa, será punido com prisão de três meses a dois anos e a uma multa de 1.000 NF a 20.000 NF.

CP francês, art. 320. Tradução livre: Se resulta da falta ou de precauções dos ferimentos, golpes ou doença provocando incapacidade de trabalho por mais de três meses o culpado será punido com prisão de quinze dias a um mês e de multa de 500 NF a 15.000 NF ou apenas uma das duas.

qualificar o comportamento como de prejuízo corporal perigoso (CP alemão, art. 223)[14].

Em Portland, EUA, um juiz condenou um homem a um ano de prisão e, subsidiariamente, a cinco anos de abstinência sexual, depois de aceitar a tese da acusação, segundo a qual ele colocou em risco a saúde da namorada, mantendo com ela relações sexuais sem uso de preservativo. Durante o tempo previsto na condenação, o homem utilizaria uma pulseira com controle eletrônico e em caso de desrespeito da decisão ele seria recolhido a prisão em regime fechado. A pena foi resultado do pedido da promotoria da aplicação de uma pena atualizada com a realidade vivida (in *Jornal do Comércio*, 1º de novembro de 1991).

O relatório do professor Evandro Lins e Silva para a comissão de reforma do Código Penal, presidida pelo desembargador Alberto Silva Franco, vai apresentar o contágio de moléstia letal, com o fim de suprimir a vida de outra pessoa como uma forma qualificada de homicídio.

O presidente da comissão prevê polêmica: "o crime se consumaria com a prática do ato capaz de causar a morte, sem que haja intenção de matar, mas há quem entenda que no caso da AIDS a intenção de matar fica demonstrada com a prática do ato" (in *Folha de São Paulo*, 13 de março de 1994). Comentando a notícia, Miguel Reale Júnior declara entender que "se a conduta é dolosa (intencional), trata-se de homicídio qualificado, pelo emprego de meio cruel".

Spinellis, prevendo uma legislação específica para a questão da SIDA, alerta que o seu conteúdo deve observar seis características, quais sejam:

"a) Visar os contatos pessoais no curso dos quais existe risco expresso de contaminação de SIDA. Por

---

14 CP alemão, art. 223: Tradução livre: "Lesões corporais leves. I - Quem, deliberadamente, maltratar fisicamente ou prejudicar a saúde de outrem, será penalizado por lesão corporal com prisão de até 3 anos e multa".

'contatos pessoais' deve-se entender, em particular, toda forma de relação sexual, mas também outros contatos físicos, tais como arranhões, mordidas e cuspidas, quando a intenção do agressor não se estabelece claramente. Esta disposição deveria ser extensiva também a formas de contato indiretas, por exemplo, o fato de remeter uma seringa infectada a uma pessoa sã.

b) Em princípio, a infração seria intencional, incluído o dolo eventual. Existe intenção quando o delinqüente, sabendo-se infectado, projeta ou aceita ter, com outra pessoa, um contato pessoal (direto ou indireto) suscetível de transmitir a doença.

c) A negligência seria também punível, mas com uma sanção mais leve, sob condição de que a pessoa infectada tenha sabido, ou pelo menos tenho tido razão para suspeitar que estivesse infectada.

d) As relações entre cônjuges escapariam da lei em caso de consentimento do cônjuge são, sob condição de que ele tenha sido plenamente informado de seu estado.

e) As relações sexuais no curso das quais os parceiros usam preservativos não seriam criminalizadas sob condição de que o parceiro são tenha sido plenamente informado.

Essa nova disposição é subsidiária às que dizem respeito à ofensa à integridade corporal e ao homicídio" (pp. 368-369).

As situações imagináveis são inúmeras. Das mais plausíveis às mais fantásticas. Tanto é que Míriam Ventura da Silva alerta que "a questão é bastante complexa e não será solucionada simplesmente com a penalização das pessoas infectadas com o vírus" (p. 38) e que existe tendência, no Direito Penal, de culpar a pessoa com VIH/SIDA pela propagação, relegando o descaso do poder público em criar um programa de controle e prevenção da epidemia (p. 36).

3.4.2. Aborto

A questão do aborto relaciona-se com a SIDA quando se percebe o grande aumento de casos de transmissão intra-uterina ou no momento do parto. Até hoje as Ciências Médicas desconhecem os motivos que fazem com que 35% dos filhos de mães soropositivas contraiam a doença (dado fornecido por Cohen, p. 111).

Para doutrinadores como França isso é irrelevante, pois "o direito à vida do embrião, uma vez gerado, conforme o Direito Natural inviabiliza a interrupção da gravidez (p. 17). Silva (pp. 39-40) ressalta que esse aborto, por ser eugênico, se encontra proibido por nosso direito positivo. Para a deputada Maria Luiza Fontenele (p. 13) é importante o direito de a mulher poder optar pela interrupção da gravidez.

Na Espanha, leciona o professor Casabona, é permitida a realização do aborto eugênico, no qual ele inclui a mulher que decide pela interrupção, tendo em vista a condição soropositiva do feto, até a 22ª semana após o início da gravidez e depois desse" (1994, p.16)[15].

3.4.3. Crimes contra o portador

Como já se deve ter percebido, os grandes crimes contra a pessoa contaminada pelo VIH ou doente de SIDA não se encontram tipificados. São o preconceito e a falta de solidariedade. Entre os tipificados, encontram-se os que se seguem.

Segundo o Código Penal, art. 136, pratica maus tratos quem expõe "a perigo a vida ou a saúde de pessoa sob sua autoridade, guarda ou vigilância, para fim de

---

[15] Conforme o médico Cohen, dentro da realidade permitida pela legislação francesa e conforme a ética médica, cabe, em caso de gravidez de mulher soropositiva, aborto, inclusive terapêutico (depois do trimestre inicial); afinal, alerta o médico, "a mãe grávida soropositiva e o feto estão ameaçados pela SIDA"(tradução livre, p. 108).

educação, ensino, tratamento ou custódia, quer privando-a de alimentação ou cuidados indispensáveis". Serve esta norma, entre outros, para tipificar o mau atendimento hospitalar (Silva, p. 40).

Também a família é obrigada a prestar atendimento e assistência, quer seja por obrigação civil (Código Civil, art. 397)[16], quer seja sob ameaça de sanção penal por abandono (Código Penal, art. 133)[17]. O socorro é ainda obrigação de quem quer que seja - se possível fazê-lo sem risco pessoal - conforme a qualificação do crime de omissão de socorro (Código Penal, art. 135)[18].

Silva (pp. 37-38), além destes crimes, alerta para o recrudescimento, normal segundo ela, em se tratando de doença incurável, dos de charlatanismo e curandeirismo; respectivamente, tipificados nos arts. 283 e 284 do Código Penal[19]. Pedrotti (p. 309) cita apenas o crime de curandeirismo.

3.4.4. Saúde pública

Antes de se abordar os crimes contra a saúde pública propriamente ditos, cabe expor a opinião de Casabona a respeito da distribuição, por parte do Estado, de seringas descartáveis a viciados em drogas injetáveis,

[16] CC, art. 397. O direito a prestação de alimentos é recíproco entre pais e filhos, e extensivo a todos os ascendentes, recaindo a obrigação nos mais próximos em grau, uns em falta dos outros.

[17] CP, art. 133. Abandonar pessoa que está sob seu cuidado, guarda, vigilância ou autoridade, e, por qualquer motivo, incapaz de defender-se dos riscos resultantes do abandono.

[18] CP, art. 135. Deixar de prestar assistência, quando possível fazê-lo sem risco pessoal, a criança abandonada ou extraviada, ou a pessoa inválida ou ferida, ao desamparo ou em grave e iminente perigo; ou não pedir, nesses casos, o socorro da autoridade pública.

[19] CP, art. 283. Inculcar ou anunciar cura por meio secreto ou infalível.
CP, art. 284. Exercer o curandeirismo: I - prescrevendo, ministrando ou aplicando, habitualmente, qualquer substância: II - usando gestos, palavras ou qualquer outro meio; III - fazendo diagnósticos.

atitude por muitos considerada como de incentivo ao uso de tóxicos, logo, conduta criminosa.

Para o professor espanhol, "está claro que na realidade não se produz favorecimento nem estimulação de qualquer espécie, posto que o viciado possui a droga (se supõe) e irá consumi-la de qualquer modo, inclusive se não dispor de meios para prevenir seu próprio contágio" (p. 19).

Dos crimes contra a saúde pública fazem parte os previstos nos arts. 267[20] e 268[21] do Código Penal. Com relação ao primeiro, Silva informa que "os médicos encarregados pelos Centros de Hemoterapia podem ser responsabilizados criminalmente por distribuir sangue contaminado com o VIH, ou qualquer outro que cause prejuízo à saúde da população" (p. 37).

Com relação ao segundo a advogada alerta que é preventivo, incidindo, por exemplo, na não-realização de teste para detecção do VIH em sangue coletado (determinação imposta pela Lei nº 7.649/88, estando ele contaminado, nesse caso, se utilizado, ocorre combinação com o art. 267 ou não. "[...] O crime é o simples fato de não-testagem" (p. 37).

Para Pedrotti pode ser configurado o crime previsto no art. 267 do Código Penal, mas "não há, como, no caso de homicídio é de tentativa de homicídio, norma especial. E, a mesma prudência ali reclamada aqui também se faz presente" (p. 309).

Em material editado pelo Ministério da Saúde, intitulado "Implicações Éticas da Triagem Sorológica do VIH", lê-se que "deixando de lado o elemento subjetivo - a culpa -, a responsabilidade civil do Estado atualmente é enfocada sob o prisma da teoria do risco integral, a qual leva em conta os princípios da justiça distributiva,

---

[20] CP, art. 267. Causar epidemia, mediante a propagação de germes patogênicos.

[21] CP, art. 268. Infringir determinação do poder público, destinada a impedir introdução ou propagação de doença contagiosa.

calcada nas premissas: houve dano, haverá indenização, distribuindo-se ela pela coletividade, numa expressão econômica de solidariedade de todos os contribuintes" (p. 9).

Silva é até condolente perto do texto ministerial, para ela "o flagelo provocado pelo Estado e seus agentes, por negligência e omissão, acarreta a obrigação deste indenizar suas vítimas de forma objetiva pelo dano irreparável que causou, em face da adoção do risco administrativo adotado por nossa Constituição Federal, ou até mesmo pela obrigação do Estado de cuidar da saúde e assistência social dos seus cidadãos" (p. 47).

A obrigatoriedade da testagem decorre da citada Lei Federal e da Portaria Interministerial nº 14/87. No Estado do Rio Grande do Sul, a Lei Estadual nº 9.160/90 renova a necessidade da testagem. As três normas prevêem, no máximo, como pena para a transgressão, o cancelamento da autorização do funcionamento da entidade infratora (a Lei Federal acrescenta que não existe exclusão da responsabilidade penal dos diretores ou responsáveis - mas não esclarece qual seria ela). O Projeto de Lei nº 2.757/92 pretende legislar nesse sentido.

3.4.5. Questões de execução da pena

Quando nos reportamos ao isolamento referimo-nos por vezes ao sistema carcerário. Em geral, o ali exposto cabe às prisões. Um adendo que se faz é de ressaltar a opinião de Yara Aparecida de Arruda (p. 17). De acordo com ela a existência do direito à visita íntima para os presos configura, no mínimo, conivência das autoridade penitenciárias para com a propagação da doença.

Já Darbeda (p. 823) prefere endossar decisões como a do 8º Congresso das Nações Unidas sobre a Delinqüência (Havana, 1990) que propõem a participação de estabelecimentos penitenciários em programas nacionais de prevenção da expansão da SIDA e do Conselho da Europa. Esse, através de Recomendação nº 1.080, de 30 de junho de 1988, priorizando um trabalho de colaboração voluntária dos detidos.

Um incidente que vem se tornando comum nas varas de execuções criminais são os pedidos de prisão domiciliar, indulto ou regimes abertos e semi-abertos para portadores e/ou doentes. A tendência que se verifica na jurisprudência é por ofertar o benefício apenas quando da existência de gravidade, estado avançado da moléstia.

Assim, no Processo de Execução Penal nº 07877327, o promotor de justiça, em resposta à consulta do juiz, interpreta o Decreto nº 668/92, como similar ao de 1991, concedendo "indulto a quem se encontrar em estado avançado de doença grave ou moléstia incurável contagiosa. Tal dispositivo, a toda evidência, tem destinação óbvia: permitir que aidéticos em estado terminal não morram à míngua no cárcere. Em liberdade poderão receber o conforto do carinho familiar".

Essa mesma interpretação serve para justificar decisão, no RAgr. nº 118.534-3/3, da 1ª Câmara Criminal, unânime, não concedendo indulto a réu que não provara ser mais do que portador do VIH. Já a 5ª C. TACrimSP, no Agr. Ex. 549.387-1-SP, não concedeu pedido de prisão albergue na modalidade domiciliar porque o preso não se encontrava em fase terminal.

3.5. Questões privadas

Nas questões que se seguem, normalmente, inexistem controvérsias doutrinárias. Em tendo sido aceita a tese de que a transmissão da SIDA não ocorre no convívio social, ele passa a ser permitido ao portador do VIH ou doente. Não há como restringir-lhe direitos. Assim o Código Civil, arts. 2º e 5º, II.[22]

A questão da doença mental, no tangente à relativização dos direitos dos doentes de SIDA, é relevante em conseqüência do fato de que dentre as doenças oportunistas se destacam várias neuropsíquicas, como toxoplasmose, meningites, linfomas cerebrais e encefalites (Cohen, pp. 69-70).

3.5.1. Capacidade para negociar

Com base no mesmo raciocínio acima exposto é que França (p. 18) garante tal direito ao portador do VIH; ressaltando a perda da capacidade de contratar e/ou gerir patrimônio, quando, provado por perícia médica, a pessoa estiver acometida de doença que provoque deterioração do estado mental.

3.5.2. Casamentos

A questão do casamento é de foro íntimo, tendo, pois, direito a ele o soropositivo (França, p. 16, e Silva, p. 15). Os juristas concordam também que é indispensável a declaração do estado sorológico ao cônjuge, sob risco de anulação do matrimônio (conforme o Código Civil, art. 219, III)[23]. França acrescenta ainda que a soropositividade é causa para separação (Lei nº 6.515/77, Lei do Divórcio, art. 5º.)[24].

---

[22] CC, art. 2º. Todo homem é capaz de direitos e obrigações na ordem civil. CC, art 5º. São absolutamente incapazes de exercer pessoalmente os atos da vida civil: II - os loucos de todo o gênero.

[23] CC, art. 219. Considera-se erro essencial sobre a pessoa do outro cônjuge: III - a ignorância, anterior ao casamento, de defeito físico irremediável ou de moléstia grave e transmissível, por contágio ou herança, capaz de por em risco a saúde do outro cônjuge ou de sua descendência.

[24] Lei nº 6.515/77, art. 5º. A separação judicial pode ser pedida por um só dos cônjuges quando imputar ao outro conduta desonrosa ou qualquer ato

3.5.3. Filhos

Em relação aos filhos, Silva diz que "o direito à posse e guarda dos filhos e à sua visitação em momento algum é restringido a pessoa com VIH/AIDS por nossa lei civil" (p. 170). Acrescentam que o uso do Código Civil, art. 395, III[25], não pode concorrer no sentido de julgar que o vírus só infecta pessoas promíscuas ou homossexuais masculinos, cabendo apenas se os "pais atentarem contra a segurança da criança ou exercerem influência negativa que afete a sua formação" (p. 17).

Silva (p. 52) informa ainda que na inexistência de referência expressa quanto à realização ou não de testes antivih na Lei nº 8.069/90, Estatuto da Criança e do Adolescente, os juízes têm aceito a sua realização, visando a prevenir futura rejeição pelos pais adotivos.

3.5.4. Herança

Como qualquer pessoa, o portador recebe herança ou transmite seus bens aos herdeiros legítimos e/ou testamentários. Ressaltando-se que, no caso de fazer testamento, a pessoa com SIDA deve, preventivamente, acrescentar atestado, firmado por médico e/ou testemunhas, de que se encontra em plenas condições mentais, para evitar nulidade ocasionada por possível argüição de incapacidade mental (Silva, p. 18).

França lembra ainda "quanto à *herança legítima*, isto é, aquela a que se faz jus em razão do Direito de Família, a *deserdação* se prevê para casos especialíssimos de mau procedimento de *filha que viva no lar paterno*, o que even-

---

que importe em grave violação dos deveres do casamento e torne insuportável a vida em comum.

[25] CC, art. 395. Perderá por ato judicial o pátrio poder o pai, ou mãe: III - que praticar atos contrários à moral e aos bons costumes.

tualmente pode estar ligado à aquisição da doença em apreço (Código Civil, 1741, 1744, III)"[26] (p. 18).

3.5.5. Seguros de vida e saúde

Limongi França lamenta "que a generalidade das instituições que o fazem, ao contrário do que é humanitariamente exigível, trata de incluir cláusulas de *irresponsabilidade* a respeito da incidência da AIDS" (p. 15).

A respeito do seguro de vida, Silva diz que, em se tratando de contrato de adesão é devido, pois "a forma como as seguradoras angariam tais seguros, normalmente em grandes grupos e sem a preocupação de analisar a situação de cada segurado, o qual assina uma proposta genérica e, na maioria das vezes, inclusive, desconhecendo que deve declarar todas as doenças de que porventura foi acometido ou de que é portador, e que a referida cláusula excludente de pagamento também deve ser interpretada de forma mais benéfica para o segurado" (p. 15).

Concluindo, a advogada afirma que "a seguradora somente terá o direito de não pagar o benefício se provar que o segurado tinha pleno conhecimento da cláusula e agiu de má-fé" (p. 15).

Pensando nos seguro de saúde, concorde com Silva, Bresan escreve que "[...] qualquer cláusula que exclua a cobertura de despesas de internações e tratamento para pacientes com AIDS é acintosa aos princípios fundamentais da Constituição e restritivas de direito e, por conseqüência, nulas de pleno direito. Encontra-se amparo no art. 51 do Código de Defesa do Consumidor" (1992)[27].

---

[26] CC, art. 1741. Os herdeiros necessários podem ser privados de sua legítima, ou deserdados, em todos os casos em que podem ser excluídos da sucessão.

[27] Lei nº 8.078/90, art. 51. São nulas de pleno direito, entre outras, as cláusulas contratuais relativas ao fornecimento de produtos e serviços que: I - impossibilitem, exonerem ou atenuem a responsabilidade do fornecedor

Em conclusão, Silva alerta que, "para que o direito das pessoas com VIH e AIDS em ter seu tratamento coberto seja garantido, no momento, temos de submeter o pedido à via judicial, que, apesar de ter sido sensível ao problema em algumas instâncias, é muito morosa, o que pode acarretar sérias conseqüências à vida do indivíduo" (p. 22).

Por isso, o Conselho Federal de Medicina, através da Resolução nº 1.401/94, impôs a garantia de que os associados de seguros-saúde tenham direito à cobertura de todas as doenças, inclusive SIDA. Mas a decisão não é *a priori* coercitiva, e as empresas estão discutindo se ela será ou não cumprida.

Artigo mais recente de Míriam Ventura da Silva destaca o "grande passo ético" dessas resoluções, mas ressalta "a necessidade de ter uma lei ordinária específica que regulamente essa atividade" (1994, p. 5).

3.6. QUESTÕES MÉDICAS

A respeito dessas questões existe a Resolução nº 1.359/92, do Conselho Federal de Medicina, que aborda a questão da imperatividade moral do atendimento à pessoa com SIDA, a necessidade do respeito e garantia aos participantes da equipe de saúde de terem à disposição os instrumentos necessários à observação das normas de biossegurança, a garantia do sigilo profissional e da impossibilidade da testagem compulsória.

---

por vícios de qualquer natureza dos produtos e serviços ou impliquem renúncia ou disposição de direitos. Nas relações de consumo entre o fornecedor e o consumidor - pessoa jurídica, a indenização poderá ser limitada, em situações justificáveis; IV - estabeleçam obrigações consideradas iníquas, abusivas, que coloquem o consumidor em desvantagem exagerada, ou sejam incompatíveis com a boa-fé ou a eqüidade; § 1º. Presume-se exagerada, entre outros casos, a vantagem que: I - ofende os princípios fundamentais do sistema jurídico a que pertence; II - restringe direitos ou obrigações fundamentais inerentes à natureza do contrato, de tal modo a ameaçar seu objeto ou o equilíbrio contratual.

3.6.1. Assistência

Ghersi (pp. 162-171) entende que quando não existirem elementos tecnológicos aptos a impossibilitar a transmissão do VIH o médico pode justificar sua conduta com base na legítima defesa, estado de necessidade, direito ao trabalho e a estar provido dos elementos necessários à sua boa execução e direito à própria vida.

Também Barros (p. 5) observa essa possibilidade, exceto para os casos em que o profissional esteja obrigado ao atendimento (Código de Ética Medica, art. 7º e 58)[28]. Pedrotti, entretanto, possui entendimento diferente. Para ele "o médico não pode recusar a atender o portador da doença sob alegação de risco profissional, ou de ser contaminado, porque a sua função é exatamente essa. De forma semelhante dá-se com o pessoal da área médica e com o hospital" (p. 296).

Nesse sentido a conduta está tipificada, conforme Silva (p. 40), no Código de Ética Médica, art. 6º[29], e também nos arts. 133[30] e 135[31] do Código Penal brasileiro. Limongi França (p. 20) cita apenas este último.

O jurista destaca ainda que "o direito ao tratamento há de abranger a integralidade da pessoa do doente com

---

[28] CEM, art. 7º. O médico deve exercer a profissão com ampla autonomia, não sendo obrigado a prestar serviços profissionais a quem ele não deseje, salvo na ausência de outro médico, em casos de urgência, ou quando sua negativa possa trazer danos irreversíveis ao paciente.
CEM, art. 58. Deixar de atender paciente que procure seus cuidados profissionais em caso de urgência, quando não haja outro médico ou serviço médico em condições de fazê-lo.

[29] CEM, art. 6º. O médico deve guardar absoluto respeito pela vida humana, atuando sempre em benefício do paciente. Jamais utilizará seus conhecimentos para gerar sofrimento físico ou moral, para o extermínio do ser humano ou para permitir e acobertar tentativa contra sua dignidade e integridade.

[30] CP, art. 133. Abandonar pessoa que está sob seu cuidado, guarda, vigilância ou autoridade, e, por qualquer motivo, incapaz de defender-se dos riscos resultantes do abandono.

[31] CP, art. 135. Deixar de prestar assistência, quando possível fazê-lo sem risco pessoal, a criança abandonada ou extraviada, ou a pessoa inválida ou ferida, ao desamparo ou em grave e iminente perigo; ou não pedir, nesses casos, o socorro da autoridade pública.

vista à melhora, da condição mórbida, à suavização do sofrimento (*divinum opus est sedar dolorem*), o acesso às técnicas de cura, o acondicionamento para o trabalho produtivo; e, sobretudo, a preparação psicológica para conviver adequadamente com a moléstia e a situação de doente terminal" (p. 15).

Tampouco, alerta Barros (p. 5), pode o médico, iniciado o tratamento, abandonar o paciente. E, em sendo necessário, deve aquele se assegurar do prosseguimento do mesmo (Código de Ética Médica, art. 61, *caput*, § 1º).

No Rio Grande do Sul o tratamento e a hospitalização para o paciente com SIDA são obrigatórios, conforme a Lei nº 9.494/92.

3.6.2. Notificação

O direito à privacidade já foi analisado. Diferentemente dele é a notificação obrigatória devida às autoridades sanitárias. Barros (p. 6), e Silva (p. 37) estão concordes com Douraki, para quem "há, porém, casos nos quais o sigilo médico pode ser esquecido, notadamente quando se trata de doenças contagiosas, nas quais a notificação à autoridade sanitária é obrigatória para o médico. Isso dito, o médico deve declarar os casos de doenças contagiosas, sempre garantindo o anonimato de seu paciente." (pp. 239-240).

O Ministério da Saúde, em 1986, emitiu a Portaria nº 542, obrigando a notificação de casos confirmados de SIDA às autoridades sanitárias.

Casabona (p. 255) e Barros percebem ainda uma outra exceção: "Pode o paciente desejar que sua condição não seja revelada nem sequer a seus familiares. Tal desejo deverá ser respeitado, de vez que mesmo os familiares são exteriores à relação médico-paciente.

[...]

Quanto aos comunicantes sexuais ou membros de grupos de uso de drogas endovenosas, há a necessidade de se buscar a colaboração do paciente [...] Haverá aqui, nessas condições, possibilidades de ruptura de sigilo plenamente justificada" (p. 6).

3.6.3. Medicamentos novos

Conforme Barros "muito se espera da atividade de pesquisa no que concerne à AIDS, pois é dela, fundamentalmente, que depende a perspectiva de progresso, quer no conhecimento da doença propriamente dita, quer nas formas de prevenção e tratamento. Entretanto, este avanço não se poderá dar à custa do sacrifício da dignidade ou da integridade, em qualquer nível, de seres humanos, posto que, se isso ocorresse, a Medicina estaria perdendo a própria razão de existir" (p. 8).

Em decorrência disso, Casabona alerta para a necessidade do cumprimento das leis existentes sobre o assunto (na Espanha a Lei do Medicamento de 1990). Com destaque para o art. 38.5 que "permite que de forma excepcional o Ministério da Saúde e Consumo autorize (com as condições que expresse em sua autorização) a que se administrem medicamentos novos em fase experimental ("productos en fase de investigación clínica") a pacientes não incluídos num ensaio clínico (com todas as garantias que comporta), quando o médico, sob sua exclusiva responsabilidade e com consentimento expresso daqueles, considere indispensável tratar com eles e justifique ante a autoridade sanitária os motivos pelos que decide tal tratamento" (1993, p. 18).

3.7. ANÁLISE DAS SOLUÇÕES PROPOSTAS

É difícil para quem defende uma posição no que tange à prevenção da expansão da SIDA e os direitos das pessoas portadoras, analisar, imparcial e friamente, o pregado pela doutrina. Como vem sendo expresso no decorrer deste trabalho, isto nem é objetivo. Eis a razão pela qual, mais do que elaborar uma análise, aqui me proponho a pensar, em adição ao exposto no capítulo dois, sobre direitos (capacidade e deveres) dos soropositivos.

O isolamento é medida muito pregada, mas sua eficácia pode ser questionada. Isso é, entretanto, irrelevante. Questionar-se o isolamento pode ser o meio mais fácil de derrotá-lo enquanto proposta; por outro lado, é ofuscar questão mais importante, qual seja, do respeito aos direitos básicos da pessoa.

Entre decidir pela garantia do direito do portador ou questionar a sociedade, seus preconceitos, faço opção pela segunda hipótese. De outra forma, talvez a vitória, a conquista, viessem mais fáceis. Nada asseguraria mudança de comportamento da sociedade em relação ao tratamento que dispensa ao cidadão soropositivo.

E, afinal, se é possível dizer que a SIDA trouxe algo de bom para a humanidade, isso, certamente, refere-se a obrigá-la a abandonar posições cínicas, aceitando realidades há muito existentes.

Por que lutar contra o isolamento, por ser medida ineficaz e economicamente não-compensadora, se, antes de tudo, é ele medida injusta e imoral?

Com essa argumentação, há de convencer. Com ela, acredito, deve ser embasada a discussão. Esse raciocínio é válido também para a testagem compulsória, para o direito de ir e vir e para a privacidade.

No que tange à educação, ao desporto e ao trabalho, o argumento que garante aos soropositivos o acesso e/ou prática de exercício é o da impossibilidade de contágio durante o relacionamento social, argumento útil também para os itens anteriores. Conforme ele, baseado no fato do conhecimento das formas limitadas de transmissão do VIH, ou seja, o contágio ocorre apenas em três situações específicas, quais sejam, 1) relacionamento sexual com troca de fluídos (em decorrência da não-utilização de preservativos ou da prática de sexo não-seguro); 2) através da transfusão de sangue e derivados ou de transplante de órgãos; e 3) durante a maternidade ou parto. Inexiste forma de uma pessoa adquirir o VIH em não se enquadrando numa dessas situações.

É impossível, pois, o contágio no cotidiano, nas relações de trabalho, no estudo ou no lazer. É incabível, portanto, qualquer limitação ao desempenho dessas atividades. Não existe razão de ser. Falta justificativa, a não ser que se assumam como motivo o preconceito, o castigo por um comportamento que se considera imoral.

Há quem defenda tais posições: Le Pen, líder da extrema-direita francesa sugeriu a criação de *sidatórios* (instituições fechadas para isolamento das pessoas contaminadas). Em Cuba adota-se tal medida, justificam-na como necessária para garantia do mais desenvolvido sistema de saúde de um país da América Latina.

Cabe acrescentar a respeito do relativo à possibilidade e acesso ao trabalho que, em geral, a SIDA não reduz a capacidade de a pessoa cumprir com as obrigações resultantes do contrato de labor. Quando isso ocorre, podem ser adotadas duas posições: na primeira a transferência do empregado para outra função, compatível com seu estado; e, na segunda, quando qualquer atividade for impossível, opta-se entre a licença-saúde (se temporária) ou a aposentadoria por invalidez (permanente).

Nesse momento, se está entrando na problemática da assistência social. Uma posição, por muitos desejadas e por poucos assumida é a de um professor de Direito que se questiona sobre a necessidade de gastar dinheiro com *aidéticos*, que irão, afinal de contas, com ou sem atendimento e assistência, morrer.

Desnecessário contestar essa opinião, fruto de preconceito. O porquê de ele pregar a recusa de atendimento e medicação, sob o argumento da morte eminente, é, evidentemente, falso. Com certeza, esse senhor nunca propôs a supressão da assistência médica a pessoas com câncer.

A questão da inexistência de assistência social no país, percebe-se na prática cotidiana, decorre não tanto da falta de previsão de direitos, quanto do descumprimento das leis em vigor.

Pela não-compreensão da capacidade laborativa da pessoa com SIDA, pelas carências observadas na ação do Estado e por opções embasadas, por vezes inconscientemente, em opiniões como a do professor citado, é que muitos soropositivos não possuem condições mínimas de sobrevivência, vegetando por abrigos fétidos onde inexiste qualquer assistência real, ou perambulando pelas ruas das cidades.

A falta de eficácia dos dispositivos constitucionais programáticos é típico dessa situação. O art. 203, V, da Constituição Federal de 1988 é exemplo disto. Existe a disposição que garante a assistência ao doente, mas falta legislação complementar[32].

Apesar da situação posta, destaque-se a atuação de muitos juízes federais que estão aceitando ações de pessoas que exigem auxílio estatal, com base na Constituição de 1988, que garante ao cidadão o direito à saúde. Isso, ao menos, em mandados de segurança impetrados pelo Escritório-Modelo de Advocacia Gratuita das Faculdades Integradas Cândido Mendes/RJ, coordenado pelo professor Marcelo Turra.

Assim, *O Globo*, de 10 de outubro de 1991, informava que a juíza da 14ª Vara Federal, Rio de Janeiro, declarou, em despacho, "ser desnecessário discutir a forma da contaminação da Aids e irrelevante o fato de os pais do menino serem ou não segurados da Previdência. 'Em qualquer circunstância, tem a criança o direito à saúde,

---

[32] Em 1993, através da Lei nº 8.742, finalmente, houve a regulamentação. Mesmo assim, ficou faltando um trabalho mais apurado, que apareceu no ano seguinte, através do Decreto nº 1.330/94 e de sucessivas Medidas Provisórias, a partir da de nº 754/94.

ao tratamento especial de que necessitar', diz, acrescentado que é dever do Estado garantir a assistência ao menino".

No que diz respeito à área penal, não creio ser necessário aprofundar a questão[33], pelo fato de concordar em grande parte com a doutrina citada.

É óbvio que toda transmissão dolosa do VIH deve ser punida. A única dúvida poderia ser com base em que artigo do Código Penal - dúvida que não tenho, para mim é clara a tipificação da transmissão no art. 131 do Código Penal brasileiro - ela deva ser punida.

Questão polêmica é sobre a necessidade de a pessoa contaminada avisar ao parceiro sobre sua soropositividade. Compreendo que o dever de controlar a expansão da Síndrome não é dos portadores apenas. Toda sociedade precisa perceber essa necessidade e, pois, proteger-se.

Condicionar a possibilidade de relacionamento sexual à prévia advertência é condenar o portador à abstinência. Qual desejo sobreviveria a tal *confissão*?

Assim, como existe direito a manter vida sexual ativa e direito à privacidade, bem como medida impeditiva da transmissão do vírus, acredito que não seja necessário alertar o parceiro, até por que muitos são os que desconhecem sua condição sorológica.

Sempre se ressalva a tomada das devidas medidas preventivas, qual seja, o uso de preservativos. O que, de resto, serviria para excluir a intencionalidade: usar preservativo é demonstração da inexistência de vontade em transmitir o VIH.

O aborto deve ser permitido. Meu embasamento para isso é não o exposto anteriormente a respeito das conseqüências que a gravidez pode acarretar para a mulher soropositiva, mas a convicção de que a interrupção voluntária da gravidez deve ser, sempre que desejada, permitida.

---

[33] Sobre este assunto publiquei artigo intitulado "SIDA: a função do Direito Penal", no qual discorro sobre o assunto.

Crimes contra o portador devem ser coibidos, como também ações contrárias à saúde pública. Cabe aqui destacar que elas são, no meu entender, as principais funções do direito penal na tarefa de controlar a expansão da SIDA. Medidas punitivas (ou melhor, desculpem-me, reeducadoras) têm um quê de vingança; enquanto medidas assecuratórias de direitos se mostram muito mais adequadas às necessidades das pessoas soropositivas, além de mais capazes de colaborar com a prevenção da Síndrome.

Já no que tange à execução da pena, a situação complica-se, devido à situação dos cárceres brasileiros. *A priori*, minha opinião seria a de que o preso com SIDA é um preso como qualquer outro. O adjetivo seria irrelevante. Entretanto, no convívio que mantive com pessoas no Presídio Central de Porto Alegre, quando lá estive dando orientação jurídica, tenho de mudar de opinião.

A sociedade não cumpre com seus deveres ao aplicar o *ius puniendi*. Assim, a alguém que, como eu, propõe uma solução minimalista para os problemas advindos da prisão, só cabe, nessa situação, defender o abolicionismo. O estar encarcerado, certamente, acelera o desenvolvimento da doença, pelo emprisionamento acrescido das condições oferecidas pelas instituições nacionais de detenção e reclusão.

Lembro-me bem de, ao explicar o porquê de seguidas negativas a pedidos de indultos (devido ao fato de os presos serem meros portadores e não verdadeiros doentes), sempre ouvir "então o que querem? Que nós estejamos mortos para receber o benefício?". E a resposta, sincera, era sim. Infelizmente, é esse o entendimento.

Nas questões privadas, partindo-se do pressuposto de que, capazes, as partes tudo podem acordar, entendo, como a doutrina citada, que existe total capacidade para negociar, casar e receber herança ou testar. Isso, evidentemente, parte do pressuposto da inexistência de patologia desqualificadora da vontade do agente.

No que diz respeito aos filhos, o direito à posse e à guarda é evidente. De lamentar apenas a permissão dos juízes para realização de testes antecedendo a adoção, de lamentar pelo fato de que, ao que se pode verificar, as pessoas não adotam para proporcionar carinho e amor a uma criança, mas sim para se auto-confortar.

Felizmente, ainda que, de forma esparsa, têm-se verificado casos de pessoas que se dedicam a proporcionar condições de vida a crianças com SIDA, seja de forma organizada em ONGs, seja adotando-as.

Finalmente, os seguros de vida e saúde, compreendo, devem beneficiar também os segurados soropositivos. Os motivos coincidem com os apresentados pela doutrina mais avançada, para a qual, ao beneficiário de boa-fé, se garante a maior proteção possível - com base principalmente no previsto pelo Código de Defesa do Consumidor. Urge, porém, lei específica nesse sentido; lei que ofereça poder impositivo ao entendimento expresso pelo Conselho Federal de Medicina.

No referente às questões médicas, na polêmica sobre a obrigatoriedade, ou não, do atendimento, parece-me claro que é obrigação do profissional de saúde de fazê-lo. O risco de contaminação por uma doença deve ser diminuído ao máximo, com auxílio dos meios conhecidos e/ou disponíveis, mas não deverá constituir, nunca, alegação para omissão. O risco aparece de forma inerente à profissão.

Quanto à notificação, respeitado o sigilo, ou seja, estando restrita ao âmbito administrativo, deve-se admiti-la como prática necessária.

E medicamentos novos? Eis uma questão delicada. Temos aqui a conseqüência do desespero. O oferecimento, gratuito ou mesmo oneroso, de um novo medicamento, ainda que apresentado *apenas* como uma possibilidade, representa muito mais do que uma simples oferta. Torna-se a apresentação de uma esperança.

A criação de falsas expectativas e o surgimento de efeitos colaterais tornam-se as conseqüências mais comuns e previsíveis. Diante da desesperança perante a situação de soropositividade, muitos são os que se voluntariam para serem verdadeiras *cobaias humanas*.

É necessário, em conseqüência, que tal possibilidade seja coibida e que tal prática impedida. Rigorosa fiscalização para impedir que falsas drogas acabem por não apenas acelerar o curso da doença, ou em nada alterá-lo. Para que reprimam charlatães que sempre rondam momentos como esses - e aqui não nos referimos somente a falsos médicos, mas também a grandes representantes da indústria farmacêutica internacional.

4. Casos atendidos no GAPA

4.1. INTRODUÇÃO

Os casos a seguir listados representam a demanda do departamento jurídico do GAPA (Grupo de Apoio à Prevenção da AIDS) do Rio Grande do Sul durante o ano de 1993 (meses compreendidos entre abril e dezembro, inclusive). Presume-se que sejam representativos do quadro existente na Capital do Estado pelos motivos que seguem.

O serviço se tornou referência no atendimento de pessoas convivendo com SIDA, dentro e fora da entidade, que já era referência para questões relativas à doença e pelo fato de se ter optado por não fazer seleção prévia dos casos.

Assim, todos que desejavam ser atendidos o eram, embora, muitas vezes, inexistissem razões para tal. Por exemplo, o caso de pessoa que trazia resultado negativo de exame VIH e insistia em se afirmar soropositivo. Queria processar os médicos ou o local onde fora realizado o teste. Foi apenas após conversa com pessoa do departamento que ele aceitou ser encaminhado ao departamento psicológico, não tendo retornado para nova consulta.

Assim também no que diz respeito a atendimentos pedidos pelos outros departamentos, teria sido fácil treinar algumas pessoas para prestar assistência a casos específicos (os relativos a direito previdenciário, especialmente), mas não se concretizou essa idéia, a fim de preservar o quadro o mais representativo possível.

A relativização necessária decorre do fato de que a procura pelo departamento ocorreu, como se pode verificar nos dados apresentados em anexo, por uma clientela típica de uma assistência jurídica e judiciária gratuita, ou seja, pessoas carentes.

As consultas não se restringiam a áreas específicas e são, assim, na medida do relatado, o quadro fiel das lides vividas pelas pessoas soropositivas da Grande Porto Alegre (o atendimento de interessados do interior do Estado configura-se exceção).

O maior número das consultas concentra-se na área do direito previdenciário e decorrem de desconhecimento, da necessidade de esclarecimentos, dúvidas ou problemas com a burocracia do Instituto Nacional do Seguro Social (INSS).

Para resolvê-los, devido à constância e à facilidade das questões, fez-se pequeno guia com instruções. Nele, listam-se os documentos e resumem-se os procedimentos necessários para que as pessoas soropositivas adquiram seus direitos previdenciários básicos, bem como se indicam os locais aos quais devem se dirigir. Esses direitos são a licença-saúde, a aposentadoria por invalidez e a retirada do FGTS e do PIS/PASEP.

As consultas sobre tais direitos versavam no sentido de dar a conhecer às pessoas o (pouco) que o Estado lhes garante.

Os casos mais sérios nessa área dizem respeito ao fato de muitas das pessoas não mais serem contribuintes, ou nunca o terem sido.

Esquecido esse problema, em geral as consultas eram simples, rápidas e fáceis. Uma conversa informal a respeito da situação da pessoa era quase inútil, pois o desejo era sempre saber da possibilidade de obter dinheiro. Assim, expunha-se a forma de retirada do FGTS e do PIS/PASEP.

A dúvida ocorria, quando da impossibilidade de continuar trabalhando e então dizia respeito à escolha entre o *encosto* (licença-saúde), medida provisória, ou a aposentadoria definitiva.

Ressalte-se a receptividade da burocracia envolvida. Apesar de ocorrência de reclamações versando sobre mau atendimento, quando procurada pelo departamento jurídico, ela sempre foi muito solícita. A isso pode-se fornecer duas explicações: 1) o poder de se estar falando do alto de uma instituição (- Boa tarde, aqui é da assessoria jurídica do GAPA, gostaria de esclarecer um problema que nos foi trazido, etc. etc. etc.); e 2) a dificuldade dos cidadãos em se comunicar, principalmente com o funcionário público, indisposto em geral a ser simpático e paciente.

Assim, um homem, após receber informações no departamento, voltou reclamando que havia procedido conforme indicado para recebimento do PIS e não fora atendido. Em consulta telefônica à Caixa Econômica Federal (CEF), ao órgão responsável pelo serviço, foi esclarecido que havia um problema de compreensão. O atendente sugerira, em prol da pessoa, que ela aguardasse um mês ou dois para retirar o benefício, pois então ele receberia grande aumento.

Apenas no tangente ao PASEP, percebe-se dificuldade. A Lei nº 7.670/88 tem sido, após diversas derrotas na Justiça, entendida pela CEF como autorização para liberação do PIS a soropositivos em decorrência da condição de serem portadores do VIH. O Banco do Brasil, que administra o PASEP, não - para ele é necessário que a pessoa esteja clinicamente doente, obrigando a juntada de atestado médico com histórico clínico, e não simples declaração. Mais do que isso, exige a existência de doença, o que impede muitos de fazerem jus ao benefício.

Ainda no que tange à área previdenciária, algumas vezes o departamento jurídico foi obrigado a contactar empresas. Neste sentido, num caso, a firma recusava-se a fornecer a Relação de Salários e Contribuições (RSC) a ex-funcionário (documento necessário para solicitação de aposentadoria). A intervenção, enquanto departamento jurídico do GAPA ou como advogado do interessado (quando a pessoa desejava manter sigilo sobre a doença), sempre resultou em promessa (cumprida) de resolução da questão.

Os casos seguintes ocupam-se dos mais diversos tipos de lides e organizam-se conforme ordem de atendimento. É de destacar que correspondem à versão da pessoa atendida, raramente confrontada com outras versões, ou seja, descompromissada com qualquer verdade que não a do interessado.

4.2. TABULAÇÃO DOS DADOS

Total de atendimentos: 76
Total de Casos: 89

4.2.1. Casos

Casos	Nº de Casos	Percentual
Previdenciário (PIS - FGTS - Licença-Saúde - etc.)	40	44,1%
Crime	11	12,3%
Trabalho	10	11,2%
Registro de Filhos	05	5,6%
Guarda de Filhos	03	3,3%
Discriminação	03	3,3%
Moradia	03	3,3%
Pensão para os Filhos	03	3,3%
Visita aos Filhos	03	3,3%
Auxílio da Família	03	3,3%
Separação de Corpos	01	1,1%
Dívidas	01	1,1%
Investigação de Paternidade	01	1,1%
Ação Contra Hospital	01	1,1%
Charlatanismo	01	1,1%

4.2.2. Pessoa atendida

a) Sexo

Masculino	54	71%
Feminino	22	29%

b) Idade

Até 18 anos	02	2,6%
19 a 21 anos	02	2,6%
22 a 28 anos	18	23,6%
29 a 35 anos	37	48,6%
36 a 41 anos	10	13,1%
42 a 49 anos	06	7,8%
mais de 50 anos	01	1,3%

c) Estado Civil

Solteiro	51	67,1%
Casado	14	18,4%
Separado	08	10,5%
Viúvo	03	3,9%

d) Dependentes

Nenhum	19	25%
Um	20	26,3%
Dois	16	21%
Três	09	11,8%
Quatro	11	14,4%
Cinco	00	-
Seis	01	1,3%

e) Grau de Instrução

Analfabeto	04	5,2%
1º Grau Incompleto	35	46%
1º Grau Completo	12	15,7%
2º Grau Incompleto	02	2,6%
2º Grau Completo	18	23,6%
Superior	05	6,5%

f) Profissão

Doméstica/Faxineira	09	11,8%
Autônomo	08	10,5%
Motorista	07	9,2%
Auxiliar de Enfermagem	06	7,8%
Outros	46	60,5%

4.2.3. Outras Informações:

a) Possui outro atendimento no GAPA?

Não	39	51,3%
Sim	37	48,6%

Qual?

Psicológico	14	37,8%
Assistencial	07	18,9%
Psico/Assistencial	10	27%
NEP (Prostituição)	05	13,5%
Assistencial/NEP	01	2,7%

b) Como conheceu o GAPA?

Hospital	32	42,1%
Imprensa	05	6,5%
Amigo	17	22,3%
Outros	22	28,9%

c) Como conheceu o departamento jurídico?

Hospital	16	21%
GAPA	38	50%
Imprensa	02	2,6%
Amigo	08	10,5%
Outros	12	15,7%

d) Participa de algum movimento social?

Sim	11	14,5%
Não	65	85,5%

4.3. CASOS

1) Mulher buscou informações sobre como regularizar sua situação (transformar uma união de fato em casamento legal) e registrar uma filha de forma gratuita. O departamento forneceu-lhe uma carta de apresentação dirigida a Cartório e recomendou-lhe retorno em caso de não ser suficiente.

2) Companheira de homem doente de SIDA dirigiu-se ao GAPA tendo em vista que a empresa na qual seu companheiro trabalhava se negava a pagar férias vencidas no período em que ele se encontrava afastado em licença-saúde. A firma alegava ainda que o pagamento deveria ser realizado à ex-esposa do funcionário, mãe dos filhos dele - embora a atual companheira apresentasse procuração que lhe outorgava poderes para receber a quantia. Em contato com a assistente social da empresa, ela disse que o dinheiro seria liberado ao término da licença-saúde. O paciente, entrementes, faleceu e houve acordo entre a pessoa que nos procurara e a empresa a respeito dos débitos trabalhistas.

3) Jovem com problemas físicos (dificuldade de andar e de fala) reclamou que pedira transferência do seu

Processo de Execuções Criminais (PEC) de Santos para Porto Alegre, e ele ainda não chegara. Estava preocupado, pois deveria assiná-lo todos os meses, já estando em atraso. Contactou-se a Vara de Execuções Criminais e fez-se pedido de transferência que, então, se realizou. Esse mesmo jovem reclamou estar sendo perseguido pela polícia e foi explicado que investigar o caso era dever da polícia, sendo impossível qualquer ação do departamento enquanto o trabalho se desenvolvesse conforme a lei. No último contato realizado, o jovem declarou estar retornando para Santos.

4) Enfermeira solicitou diversas consultas para entender questões previdenciárias e trabalhistas (além desse atendimento, foi encaminhada ao departamento psicológico). Na última consulta recebida, solicitou pedido de alvará judicial, obrigando o hospital onde trabalhara a pesquisar dados relativos a antigo Fundo de Garantia, que acredita possuir, mas encontra-se desaparecido, visto que sua solicitação dos dados ao hospital foi inútil.

5) Ao terminar curso de auxiliar em enfermagem, jovem fez teste de saúde pré-admissional em hospital e foi constatado que era portador de sífilis. Realizou tratamento no próprio hospital, com promessa de posterior contratação. Na última etapa do tratamento, foi-lhe solicitada a realização de exame para detecção do VIH e ele concordou. O resultado foi positivo. Em não sendo contratado, perguntava o que poderia fazer, quais as probabilidades de ser contratado e tempo de duração da ação. Apresentadas respostas a tais dados preferiu evitar a publicidade e procurar emprego em outra unidade de saúde.

6) Datilografou-se requerimento, solicitando que o contrato de financiamento da casa própria fosse considerado quitado, com base no fato de que certos contratos com o BNH preverem tal ato quando da aposentadoria do paciente; o fundamento acontece tendo em vista a equivalência da SIDA à invalidez permanente.

7) Jovem travesti reclamou que um irmão de sua mãe a convidou para residir em uma casa de sua propriedade ao lado da casa de sua filha. Em troca, deveria cuidar da casa e ocupar-se, quando das viagens (freqüentes) de sua filha, da filha desta. Aceitou a proposta, desfez-se de imóvel que possuía e realizou a mudança. Pouco tempo depois surgiam problemas entre a mãe e a sobrinha. Esta passou a pressionar para que a mulher saísse dali (bem como seu filho). Ele fala que estava proibido de realizar "trabalhos" ("sou de religião", declarou) e se sentia amedrontado, desde que o tio tomara partido em favor da filha e ameaçara a mãe com um revólver. Duas ocorrências policiais estavam registradas antes da consulta. Como as casas se encontram em "área verde", perguntava o jovem se poderia ser obrigado a abandoná-la. Foi marcada nova data para análise do caso, mas ele não mais retornou.

8) Homossexual, como gosta de se afirmar, embora reclame de discriminação, que vive em casa que construiu junto com os pais, tem a companhia de irmão e família há dez anos, época em que o pai adoeceu e morreu. O imóvel encontrava-se em terreno não-regularizado. Considerando impossível o convívio com ele e os outros irmãos, queria vender a casa a uma irmã por US$1.500 (um mil e quinhentos dólares). Foram-lhe explicados os problemas da negociação, desde os relativos à inexistência de papéis (da propriedade do terreno, do inventário dos pais) até a possibilidade de o irmão atrapalhar - judicialmente - a negociação. Concluiu-se pela negociação com o irmão, com a venda da parte de um dos dois ao outro. Quando a difícil negociação realizada no GAPA parecia que resultaria em acordo, com a compra da casa pelo homem que nos procurara, uma terceira pessoa, que emprestaria o dinheiro para o negócio, e que ele queria como sua herdeira, resolveu não fazê-lo, acabou com qualquer possibilidade de acordo. A única recomendação que se pode então fazer era de

aproveitamento do período de conversas para melhora do ambiente familiar.

9) Pai, viúvo, preocupado com possibilidade de falecer, instalou filhos na Aldeia S.O.S. e mostrava interesse em registrar um, que tinha filiação documentada apenas por parte da mãe. Não retornou com os documentos solicitados.

10) Homem procurou o departamento para reclamar que um amigo de seu companheiro estava espalhando que ele era portador do VIH. Resolveu-se com ele que haveria conversa com seu companheiro, para que este falasse com aquele e, em caso de necessidade, o atendido voltaria a procurar o departamento.

11) Moça trocou peças onde morava por casa em terreno da mãe da pessoa com quem realizava o negócio. O acordo foi verbal e a mãe reclamava que ela se retirasse. Foi aconselhada a contactar a outra parte e regularizar a situação ou a desfazer o negócio. Em caso de necessidade, o departamento prontificou-se a intervir, mas ela não retornou.

12) Pessoa estava tendo problemas com a movimentação por meio de cheques de sua conta-corrente. Conforme ela por causa de duas notas promissórias protestadas em 1989 e já pagas, das quais, porém, não guarda comprovante de quitação. Foi-lhe recomendado que procurasse o SAJU ou a assistência gratuita do Fórum.

13) Jovem casal reclamou que vivia como indigente, embora o pai da mulher tivesse boa posição social. Ele, segundo o casal, recusava-se a ajudá-los. Além disso, proibia a filha de visitar a própria filha, criada pelos avós. O pai havia sido chamado, anteriormente, pelo departamento psicológico e não compareceu; mesmo assim, resolveu-se arriscar nova solicitação de visita. Ele, desta vez, compareceu e contou história bem diversa, e mais plausível - tendo dito que auxiliava a filha constantemente, inclusive tendo-lhe dado uma casa que ela acabou por vender, e não impedia visitas à neta, apenas

impunha que elas fossem restritas à casa onde a menina residia. Ficou marcada reunião com todos os envolvidos, inclusive os departamentos psicológico e assistencial. Nenhuma das partes compareceu. Em encontro casual na rua, a mulher desculpou-se pelo "esquecimento", dizendo que, em encontro com o pai, tudo se arranjara, e ela deveria ter avisado à entidade de tal fato, o que se esquecera de fazer.

14) Uma *de menor* procurou o departamento para saber da possibilidade de visitar o companheiro preso. Em conversa com a assistente social do Presídio Central, verificou-se da impossibilidade pelo fato de não ser familiar ou manter vínculo legal com o sujeito, únicos motivos que poderiam afastar o problema da menoridade.

15) Cliente solicitou informações, que lhe foram prestadas, a respeito de processos seus sem relação com a SIDA, em andamento na justiça criminal e do trabalho.

16) Funcionário público queria que os filhos tivessem direito a receber sua pensão; entretanto, nenhum dos dois estava registrado em seu nome. Solicitou-se que entrasse em contato com as mães, visto que cada criança tinha uma, e discutisse do desejo delas, após o que se estaria à disposição para os encaminhamentos cabíveis.

17) Mulher, encaminhada pelo departamento psicológico, denunciou que, vítima de violência por parte do companheiro, fora obrigada a abandonar a casa onde vivia com as filhas e as colocara na residência de familiares, exceto a menor que a acompanhava. Ele, desempregado, também saíra de casa, indo morar com a mãe. Tinha medo de deixar a casa abandonada ("Pode ser invadida.") e também de voltar e ser novamente agredida por ele. Ela vivia no albergue municipal Viva Maria - para mulheres vítimas de violência. Em conjunto com a assessoria jurídica do albergue, decidiu-se chamar o homem e conversar. Depois de algumas reuniões acordou-se que ele ficaria com o terreno e ela com a casa,

tendo ele também assumido o compromisso de, quatro meses após a data da assinatura do acordo, pagar pensão alimentícia às filhas. Algum tempo depois do acordo, começou a trabalhar como doméstica e sofreu novas ameaças do ex-companheiro. Passado mais algum tempo, reconciliaram-se.

18) Mulher reclamou que o pai recebera seguro de vida da mãe, que a ex-sogra não permitia que visitasse a filha e que o ex-marido não pagava a pensão devida. Pediu-se que trouxesse documentos, o que não fez.

19) Mulher leu, em uma revista de circulação nacional, que um estudioso da Botânica, de Duque de Caxias (RJ), curava SIDA. Por telefone fez acerto com o *doutor*, e a enteada passou a tratar-se, obviamente, sem resultados positivos. Com base nesses fatos o departamento entrou em contato com o Grupo Pela Valorização, Integração e Dignidade do Doente de AIDS (Pela Vidda/RJ), do Rio de Janeiro, e solicitou-se que encaminhasse denúncia ao Ministério Público por charlatanismo. Enviou-se procuração e anexaram-se documentos probatórios (cópia da reportagem publicada, recibos de depósito em favor do dito estudioso).

20) Esposa de portador demitido foi ao GAPA requerer, a pedido de seu advogado particular, que se conseguira reintegração do cliente em emprego do qual fora demitido, cópia da Lei nº 7.670/88, que regulamenta a aposentadoria para doentes de SIDA.

21) Procuraram-se, a pedido de mãe, informações sobre processos de jovem no juizado de menores.

22) Moça, demitida de motel por culpa de irmão que contara ser ela portadora do VIH, solicitou informações sobre direitos rescisórios. Foram-lhe explicadas as vantagens de procurar o sindicato da categoria e, perante resistência, falou-se da possibilidade de prévio contato do departamento com o advogado sindical. Marcou-se novo encontro e realizou-se o prometido, mas ela não compareceu.

23) A pedido de familiar, forneceu-se informação a respeito da data da prescrição do mandato de prisão contra apenado fugitivo.

24) Pessoa solicitou consulta para saber das possibilidades de reintegração ao trabalho do qual fora demitido. Foram mostradas as dificuldades, tendo em vista que o motivo não dizia respeito à sorologia do atendido (o empregador, segundo o próprio atendido, desconhecia a condição de portador).

25) Travesti compareceu ao departamento reclamando que seu companheiro, depois de seis anos de relacionamento, a abandonara. Conversou-se para examinar a situação e enquanto se discutia a natureza da ação (família ou trabalhista), houve reconciliação e desistência da pretensão.

26) Mulher queria que ex-companheiro a ajudasse, financeiramente, na subsistência de três filhos do casal. Segundo ela o homem tinha problemas com a polícia, era traficante de drogas, e, por isso, ela não quer acionar a justiça. Foi-lhe explicado a possibilidade de chamá-lo ao departamento para fazer um entendimento extra-oficial. Ela, porém, não trouxe endereço para que assim se procedesse.

27) Homem que se disse contaminado pelo VIH, após transfusão sangüínea em hospital, afirmava ter provas desse fato. Entretanto, não as apresentou. Solicitou também a regularização do registro de uma das suas filhas, em cuja certidão de nascimento constava apenas o nome da mãe.

28) Jovem viúva, do interior do Estado, trouxe problemas de natureza cível (móveis na casa da sogra, a qual se recusava a devolvê-los, vontade de reaver taxas pagas a um curso que iniciara e do qual fora excluída), aos quais se sugeriu a procura do juizado de pequenas causas ou da assistência judiciária gratuita no fórum de sua cidade.

29) Mulher, cujo companheiro faleceu, procurou a entidade para solicitar alvará judicial que possibilitasse

liberação das verbas rescisórias de contrato de trabalho. Antes que essa questão pudesse ser resolvida, porém, passava a preocupar-se com o destino dos filhos no caso de sua morte, querendo que ficassem sob guarda de sua mãe e não da sogra. Explicou-se, apesar de sua pressa, da necessidade de cumprir as exigências legais, o que seria demorado, tranqüilizando-a, porém, no sentido de que o fato de as crianças já viverem ao lado da avó materna deveria influenciar positivamente a opinião do juiz. No momento em que se reuniam os papéis necessários para ajuizar o pedido, a mulher foi internada e faleceu. A avó não retornou.

30) Jovem, nervoso perante a possibilidade de ser despedido, pedia explicações sobre tal circunstância. Foi-lhe aconselhado a aguardar, principalmente pelo fato de o empregador não conhecer sua condição sorológica e de inexistir certeza quanto à demissão.

31) Homem de 34 anos requereu informações sobre como fazer título de eleitor e quais as penalidades por ainda não o ter. Recebeu instruções conforme a Lei nº 6.747/65, que regula a matéria.

4.4. ANÁLISE DOS CASOS

A primeira e mais relevante observação a fazer depois do exposto é que, com o surgimento da SIDA, não surgem novas lides. Percebeu-se, na breve exposição, que se trata de situações há muito existentes, agora dentro de um quadro no qual se inclui a perspectiva de uma pessoa contaminada com o VIH.

Problemas com a previdência social, com a situação legal dos filhos, com discriminação, com moradia. Não são problemas que surgem a partir de 1982, primeiros diagnósticos da SIDA.

Mas, quando o caso concreto tem relação com a doença, necessita um *tratamento jurídico* adequado às circunstâncias por ela geradas, adaptado às necessidades da pessoa contaminada e do objetivo geral de controle da expansão da Síndrome. A SIDA transforma a relação entre a pessoa e o sistema judiciário, altera as necessidades daquela em relação a este.

Nesse sentido, explica-se a preponderância das questões previdenciárias. O soropositivo precisa auxílio. E, dentro dos padrões de miserabilidade do sistema, tem recebido, de forma ágil e prestativa em geral.

Quando da existência de lides, a situação é diferente, quer seja porque os problemas ocorrem na esfera familiar, quer seja em decorrência da morosidade ou do desejo de sigilo, a conciliação foi escolhida a fim de solucionar os casos.

São 19 relacionados à família, ou seja, 21,3% do total. Com todas as características de problemas familiares, um se mostra exemplar, o de número 13, inclusive com conciliação no final, após busca de solução mediada.

E o de número 17, ao qual cabe acrescentar que, após todos os percalços e discussões, a fuga, o refúgio em albergue para mulheres vítimas de violência, o acordo realizado com respeito aos bens, os problemas com as filhas, situações que necessitariam um capítulo à parte, o casal se reconciliou, conforme soube por encontro com a mulher, que se declarou novamente feliz.

Relevante destacar o caso 12, mostrando situação na qual a pessoa procura o departamento por ser local onde sabia poder receber orientação, mesmo que em caso sem relação com a SIDA.

Muitas consultas, na realidade, eram momentos para exposição de problemas ou dúvidas. Em geral, nessas oportunidades, encaminhava-se a pessoa após para o departamento psicológico (caso 4).

Outros casos são simples, bastando atuar junto à burocracia cartorial para solucionar o problema, apesar da dificuldade referente ao pagamento de taxas.

A morosidade é outro fator que propicia os acordos. Se é possível fazê-los, para que esperar uma solução demorada e que, além disso, pode ter um custo não irrelevante?

A preocupação da pessoa com SIDA de não se expor era patente quando da resolução através de instâncias administrativas ou judiciais. O medo de que parentes, colegas, o meio profissional ou a vizinhança soubessem mostra a carga de preconceitos e discriminação existentes.

A necessidade da celeridade da pessoa contaminada não é fruto apenas do imaginário. Em pelo menos dois casos, logo após o contato inicial, as pessoas interessadas faleceram. Se nem mesmo um procedimento informal foi possível, imagine-se um processo judicial que por regra demora anos.

Uma questão que apareceu igualmente é a trabalhista, com a ausência da estabilidade no emprego. As pessoas ficam à mercê do poder discricionário de patrões e acabam sendo demitidas por culpa do desconhecimento.

Não se deve, pois, pensar na SIDA como fonte de novos conflitos. Ela fez recrudescer alguns, dá tonalidades diferentes a outros e, principalmente, obriga a busca de novos caminhos para resolução de lides já previstas pelo ordenamento, mas não originou conflitos antes inexistentes. É apenas uma nova doença, que traz lides comuns.

Demonstra que, assim como nas novas tecnologias, das quais, exemplificativamente, destacamos a energia nuclear e as descobertas da genética, na realidade o que surgem são questões éticas e somente como tais repercutem no Direito.

O trabalho desfaz, pois, a idéia de que a SIDA possa apresentar novos desafios à Ciência Jurídica. Mostra, isso sim, que o Direito pode ser diferente, atuando de forma conciliatória, preventiva, pró-ativa, pedagógica.

Dentro de um paradigma comunitário-participativo, por ser pluralista, permite verificar formas mais adaptadas à resolução das lides dos portadores e, portanto, mais efetivas.

Assim, o desafio maior trazido pela SIDA ao ordenamento jurídico é a busca de soluções justas, com segurança, celeridade e contentamento dos litigantes; desafio, de resto, do Direito adjetivo.

5 Sujeitos coletivos

Neste capítulo, estudo os novos movimentos sociais, a forma como eles se estruturam, se organizaram e se formaram historicamente. Busco perceber como se configuram enquanto força social e como agem. Situo entre eles os ligados a trabalhos com portadores do VIH e prevenção da expansão da SIDA e analiso, particularmente, o GAPA/RS.

Para isso construo dois históricos da entidade. O primeiro com base em jornais de circulação comercial (basicamente *Zero Hora* e *Correio do Povo*, diários de Porto Alegre, jornais e panfletos do Grupo, bem como atas de assembléias etc. Configura-se este, pois, num histórico informativo a respeito do Grupo, sua formação, desenvolvimento e atividades.

O segundo realizo narrando memórias a respeito de minha entrada no Grupo e as circunstâncias que marcaram meu trabalho na entidade. Visa, além de oferecer uma visão pessoal (parcial) sobre o GAPA, a fornecer informações a respeito das pessoas que o compõem e por ele são atendidas.

Finalmente, utilizando as partes anteriores, passo não apenas a caracterizar o GAPA enquanto novo movimento social, categoria na qual, sem dúvida alguma, ele se enquadra, como principalmente a estudar sua organização, atuação e relacionamento: internos, entre seus participantes; e externos, da entidade com o Estado e outras organizações.

A parte de reconstituição histórica e análise será a mais interessante do trabalho, ao menos para mim, afinal, servir-me-á para refletir a respeito da militância que desenvolvi no Grupo, período rico em minha formação política e pessoal.

As críticas demonstrarão os erros que, julgo, cometemos. E outros cometerão, pois, hoje, mais do que nunca, percebo limitações inerentes a ONGs que se propõem a atuar como o GAPA o fez.

Eis o motivo de meu afastamento do GAPA e o porquê de estar militando no Movimento de Justiça e Direitos Humanos (MJDH) do Rio Grande do Sul, entidade cujos objetivos, propostas, métodos e organização são diferentes das do GAPA, embora também faça parte do que denominamos novos movimentos sociais.

Ressalte-se que a expressão novos movimentos sociais é expressão ampla que designa uma série de movimentos (negro, feminista, sem-terra etc.) e que as organizações não-governamentais, popularmente conhecidas como ONGs ou *ongues* se confundem com eles.

5.1. NOVOS MOVIMENTOS SOCIAIS

"A crise do Estado-nação é a do Estado burguês, do modo pelo qual ele se relaciona com a sociedade, o povo, o cidadão, os grupos e classes" (Ianni, p. 40). Da existência dessa crise não duvido. A questão da participação da pessoa do cidadão na estrutura e organização da sociedade é antiga e permanece sem resposta. O próprio conceito de democracia é ainda discutido.

Dentro desse quadro de crise e incertezas, nas duas últimas décadas, no Brasil e no mundo, percebo, na realidade social, com suas conseqüências na teoria social, transformações: as classes sociais passaram a interagir, observo um desenvolvimento diferente daquele previsto na teoria marxista. Não se pode mais simplesmente dividir a sociedade entre proletários e burgueses.

Os novos movimentos sociais constituem-se em torno de causas. Lutam por igualdade de direito (movimento feminista), contra o racismo (negros), contra o preconceito sexual (*gays* e lésbicas), por moradia (sem--teto) e terra (sem-terra), pelo respeito, dignidade e direito à sobrevivência (meninos e meninas de rua).

Para um bom entendimento do que seja um movimento social, seguindo trabalho de Viola (p. 208), descrevo as características, organização e desenvolvimento de um exemplo, genérico, de uma associação ecológica latino-americana.

Ela se compõe de um núcleo ativo que conta com um mínimo de cinco e um máximo de 25 pessoas. Sua base de apoio varia entre 50 e mil pessoas. Essas pessoas são em sua maioria homens com formação universitária e renda superior à da média latino-americana.

O grupo começa atuando com existência de fato, adquirindo personalidade jurídica após um ou dois anos. E nele destacam-se um ou dois componentes, quer seja por tempo e energia dedicados, caráter de liderança e conseqüente facilidade de acesso aos meios de comunicação e agências estatais.

A atuação está voltada para um ou dois objetivos, mas são constantemente alertados por cidadãos, ou outros grupos, a respeito de problemas diversos. Atuam tanto na área urbana quanto na rural. O poder público pode ser considerado tanto como autor ou cúmplice da degradação, quanto aliado do movimento.

Diz Viola que, nesta primeira fase, "a eficácia das lutas ecológicas é muito baixa em termos de ganhos precisos, mas é significativa se considerarmos a ecologização da mentalidade de contingentes qualitativamente importantes da população. A degradação ambiental não é detida e muito menos revertida, mas a percepção da degradação aumenta na sociedade" (p. 210).

É neste interregno que se constitui a identidade coletiva do grupo. Depois, continua o autor, "este processo de formação da identidade coletiva implicará uma crescente diferenciação perceptiva, atitudinal e comportamental em vários planos: passa-se de um formato de luta com predomínio da ação de denúncia para uma definição mais precisa de fins e meios a utilizar para atingi-los; passa-se de uma visão grosseira do significado de ser ecologista para outra mais complexa; passa-se de um quase desprezo pela formação teórica dos militantes para uma valorização do trabalho teórico" (p. 210).

Essas transformações aparecem também na visão de Scherer-Warren (pp. 57-58), para quem os movimentos ecologistas e feministas trocam questões específicas do início de sua organização por projetos gerais de transformação política.

Esse histórico nos faz perceber as organizações ecológicas enquanto sujeitos envolvidos num processo de constituição e formação. Laranjeira, partindo da leitura de Touraine e Laclau, reconhece esse mesmo processo na construção dos novos movimentos sociais.

Esse movimento, em sua globalidade, no país, reúne cinco mil entidades, 40% dedicadas à ecologia, 17% a diversos movimentos populares, 15% à luta pelos direitos da mulher e 3% à prevenção e tratamento da SIDA (Bernardes e Nanne, p. 70).

Para Boschi "em primeiro lugar, a gênese de tais movimentos guardou uma relação com o enfrentamento do regime autoritário; em segundo, os movimentos constituíram uma resposta à crise de governabilidade e à descrença na eficácia dos mecanismos de representação para a consecução de políticas e processamento de demandas; por último, representaram uma quebra do oligopólio da participação pela via do sistema partidário" (p. 167).

Nesta tentativa de teorizar os novos movimentos sociais, Touraine (citado por Wolkmer, 1992, pp. 175-176) percebe três princípios que guiam sua ação:

1) da oposição (no sentido de que agem contra uma força externa que lhes resiste e bloqueia);

2) da totalidade (agem em nome de ideologia ou grandes ideais ou valores aceitos pelos componentes do grupo);

3) da identidade (defendem ou representam parcelas significativas da sociedade).

Esses princípios aparecem também em José Geraldo de Souza Júnior. "O relevante para a utilização da noção de sujeito, na designação dos movimentos sociais, é a conjugação entre o processo das identidades coletivas, como forma do exercício de suas autonomias e a consciência de um projeto coletivo de mudança social a partir das próprias experiências" (p. 134).

Em Calderón e Jelin (citados por Ponte, p. 282), são quatro as características, ou "campos de desenvolvimento", dos movimentos sociais:

1) estrutura participativa,

2) temporalidade,

3) heterogeneidade e

4) interação recíproca a fim de alcançar uma meta.

Os autores acrescentam que "o significado e o interesse analítico dos movimentos sociais reside em buscar neles evidências de transformação profunda da lógica social. Está em pauta uma nova forma de fazer política e uma nova forma de sociabilidade. Mas, de maneira mais profunda, intui-se uma forma de relacionar o político e o social, o mundo público e a vida privada na qual as práticas sociais cotidianas estão em interação direta com o ideológico e o institucional-político" (ainda *in* Pontes, p. 282).

Por isso, conforme Rezende (*in* Scherer-Warren, p. 51), "os movimentos sociais não podem ser pensados, apenas, como meros resultados de lutas por melhores condições de vida, produzidos pela necessidade de aumentar o consumo coletivo de bens e serviços. Os movimentos sociais devem ser vistos, também (e neles, é claro, os seus agentes), como produtores da História, como forças instituintes que, além de questionar o Estado autoritário e capitalista, questionam, com sua prática, a própria centralização/burocratização tão presente nos partidos políticos".

A essa visão dos novos movimentos sociais devem ser somadas dúvidas, ou dubiedades, surgidas a partir de pesquisa realizada em grupos da América Latina. Segundo o estudo, citado por Scherer-Warren (pp. 19-20), no interior das práticas coletivas encontram-se cinco pares de orientação:

1) democracia *versus* verticalismo e autoritarismo dentro do próprio movimento;

2) valorização da diversidade societal *versus* tendência ao reducionismo e à monopolização da representação;

3) autonomia diante de partidos e Estado *versus* heteronomia, clientelismo e dependência;

4) busca de formas de cooperação, autogestão ou co-gestão da economia diante da crise *versus* dependência estatal e ao sistema capitalista;

5) emergência de novos valores de solidariedade, reciprocidade e comunitarismo *versus* individualismo, lógica de mercado e competição.

Outros dados levantados por Bernardes e Nanne servem para conhecer os oitenta mil (número citado pelos autores) brasileiros que atuam em movimentos sociais:

87% têm curso universitário;

76% vivem do trabalho na ONG;

75% votaram em Lula para presidente no primeiro turno em 1989;

56% trabalham em mais de uma ONG;

53% não tem qualquer religião;

25% são padres;

21% estudaram filosofia;

17% foram presos pelo regime militar;

14% diziam-se "marxistas-revisionistas" nos anos 70.

Diante do contexto nacional e devido às características supracitadas, Scherer-Warren conclui pela insignificância quantitativa das organizações; destacando, entretanto, sua relevância enquanto "focos de transformação que emergem a partir das bases da sociedade, pelas brechas que abrem na tradição histórica da cultura política do país e pelo novo significado cultural e político presente na praxis desses grupos organizados" (p. 50).

Uma das características desses movimentos, muito destacada em sua teorização, relaciona-se à sua dimensão temporal. Afora o já dito, adicionamos a opinião de Boschi (pp. 169-170), que os define como cíclicos, em decorrência, entre outros, da natureza de suas demandas (tópicas e de curto prazo).

Assim, mesmo tendo percebido a transformação política pela qual passou o movimento feminista, Scherer-Warren (p. 58) identifica a diminuição da vitalidade, o mesmo no referente aos movimentos de bairros. A transformação talvez devesse ser mais profunda, como ocorreu com os grupos ecológicos.

Essa crise dos novos movimentos sociais alcança seu ápice na posição de autores como Zermeno e Machado (*in* Scherer-Warren, p. 21), que abandonam o estudo daqueles e passam a se preocupar com as condutas de crise e com os antimovimentos, gerados pela pobreza crescente, desordem, aumento da violência organizada, etc.

Resta, então, seguir a sugestão de Scherer-Warren e "pensar sobre significados políticos potenciais para as redes de movimentos [...] em que medida a atuação das redes de movimento nos campos cultural e político constituem-se em possibilidade de penetração/participação da sociedade civil na transformação política propriamente dita" (p. 123).

Nesse sentido, Boschi percebe "que o movimento representa a tentativa de escapar à ingerência do Estado, de outro, suas demandas enfatizam uma ativa regulação estatal sobre interesses potencialmente conflitantes. Assim, embora os sucessos imediatos fortaleçam o movimento, também se constata que sua atuação é bastante limitada pela natureza restrita das demandas e pelo fato de que, contraditoriamente, estas implicam um controle crescente pelo Estado" (p. 168).

Wolkmer (1992, p. 173), a respeito das demandas, destaca a prioridade das necessidades "materiais" sobre as "culturais" nas pretensões dos grupos em estudo, ao menos nas sociedades periféricas da América Latina. E, com Veras e Bouduki, encontra três posturas pelas quais os grupos tentam conquistar seus objetivos: 1) reivindicatória (pressão sobre o Estado que pode resultar em corporativismo ou em práticas clientelísticas e populistas); 2) contestatória (o grupo realiza através de denúncias oposição sistemática ao poder estatal instituído, deixando de aproveitar o espaço institucional, no qual poderia criar mecanismos de participação popular); e 3) participativa (na qual o movimento atua como instrumento participativo na construção de uma democracia descentralizada). A crítica de Boschi não seria, então, um elemento dado, mas uma possibilidade.

Na relação entre os novos movimentos e o Estado, começa a grande discussão a respeito do papel das ONGs, da institucionalidade, sempre presente no seu cotidiano. Boschi (p. 173) percebe, nessa relação, independência e autonomia, mas também cooptação e encampação. Scherer-Warren prefere ver "os Novos Movimentos Sociais, atuando mais diretamente no seio da sociedade civil, representa a possibilidade de fortalecimento desta em relação ao aparelho do Estado" (p. 53).

Nas duas posições, Boschi (p. 168) percebe problemas; na primeira, da integração, a vulnerabilidade em relação ao controle do Estado, e na segunda, de autonomia em relação ao Estado, a possibilidade de um retraimento no sentido da cobrança de direitos legítimos. É por isso que, o autor conclui que "a capacidade revelada pelos movimentos de se tornarem alternativas institucionais viáveis foi reduzida" (p. 173).

Souza Júnior, pensando no momento da Assembléia Nacional Constituinte que elaborou a Constituição Federal de 1988, destaca que "se pode dizer ter-se articulado naquele momento um projeto de poder popular e de uma sociedade alternativa participativa e democrática que se refletiu no produto constitucional" (p. 141).

Além dessa questão, também a do relacionamento com os partidos políticos preocupa os movimentos e seus teóricos. Boschi (p. 169) ressalta a existência de uma ideologia antipartido, que relega a representação em prol da participação, enquanto Scherer-Warren (p. 63) acredita na possibilidade de um trabalho conjunto que ela vê impossibilitado apenas pelo desinteresse dos partidos (exceto inciativas individuais e de parcelas do PT) na participação popular.

5.2. ONGs/SIDA NO BRASIL

Em geral, as idéias e dúvidas levantadas no item anterior são plenamente válidas para uma análise dos movimentos sociais que atuam na prevenção da expansão da SIDA e/ou apoio aos doentes e portadores de SIDA/VIH. A principal diferença decorre do seu surgimento recente - após 1985, aparecimento dos primeiros casos no país.

A precursora das ONGs/SIDA no Brasil foi o GAPA/SP (1985) e, embora, num contexto mais amplo ainda sejam parcela muito pequena, só no Estado de São Paulo, elas são mais de cem. Eminentemente urbanas, defrontam-se com vários desafios, todos da maior relevância: a democracia interna, a organização da Rede Brasileira de Solidariedade, a delimitação de seu papel e a sobrevivência financeira.

Em seu relatório de 1991, o Apoio Religioso Contra a AIDS (ARCA) confirmava nos grupos ligados à SIDA o antes percebido em outros movimentos. "Costuma personificar-se em um, ou poucos indivíduos notáveis, que se transformam em representações emblemáticas, heróicas e referências semânticas" (p. 8).

A respeito da dificuldade de atuação em conjunto, no relatório de 1990, o ARCA alertava que "uma prova dessa dificuldade foi experimentada no processo de formação da Rede Brasileira de Solidariedade. Iniciada em 1988, a partir de encontros preparatórios realizados em Belo Horizonte (MG) e Porto Alegre (RS), chegou em 1990 a um ponto crítico: a reunião de Santos (SP), que deveria ser de consolidação, concluiu que a imaturidade e a falta de identidade entre as cerca de sessenta entidades envolvidas ainda são mais fortes do que a possibilidade de trabalharem integradas" (p. 7).

Gabriela Silva Leite, sobre o encontro, declara que "durante toda a reunião nacional, que ficou conhecida como Guerra das Estrelas, esses dois extremos senhores (refere aqui a Herbert Daniel e Luís Mott) ficaram digladiando, e ao 'resto' só restou ficar de espectadores da tragicomédia. E não se chegou a nada, mesmo porque a maioria (inclusive eu) ficou de saco cheio e foi embora. Enfim, três dias de encontro, duas pessoas se digladiando sem ouvir os outros, e não sobrou nada. A tal Rede Nacional se desmembrou" (pp. 153-154).

A razão disso pode ser encontrada no que, ironicamente, Manuel Moral chama de quarta epidemia: as próprias ONGs, que, em seus trabalhos com iguais, usam como princípio básico a competição. Manuel Moral, discutindo sobre as ONGs latino-americanas, ressalta que, na produção teórica, isso aparece com grande clareza.

"A produção teórica e a experiência em geral se desconhecem. Portanto, citar alguém que está no mesmo nível significa reconhecer o valor do outro. Por essa razão, em sua maioria, os trabalhos aparecem com referências bibliográficas internacionais. As fontes locais desaparecem como por um passe de mágica." (p. 9).

As outras duas questões relacionam-se com a ligação permitida e desejada com o Estado. Afinal, se por definição não são governamentais, elas têm, por isso mesmo, desde o momento de sua criação, identidade indissoluvelmente ligada ao governo, ao Estado. Cumprem, inclusive, funções daquele (assistência social, jurídica, psicológica e, por vezes, até mesmo médicas) e são por ele sustentadas.

Para Áurea Celeste, presidente do GAPA/SP, a assistência e prevenção são funções do Estado. "Nosso campo de atuação é a defesa dos Direitos Humanos e de cidadania, o combate ao preconceito e o esclarecimento da opinião pública. Frente ao Estado, atuamos como interlocutores e representantes dos interesses da população, cobrando os recursos necessários para enfrentar a epidemia e fiscalizando sua aplicação." (Previna-se, p. 4).

Nesse sentido, o presidente do GAPA/BA, Harley Henriques, diz que o papel das ONGs/SIDA é de assessoramento a entidades interessadas em prevenir a expansão da Síndrome (Previna-se, p. 4) e Rogério Gondim, do GAPA/CE, acrescenta que o assistencialismo "é um ativismo inócuo" (Previna-se, p. 5).

João Monteiro, representante da ABIA, esclarece que "alguns trabalhos são ingênuos e se esgotam em si mesmo, podendo até reforçar o preconceito e a discriminação. E a caridade, que acontece sempre quando o paciente de AIDS é tratado como um coitado, alguém incapaz. E existem trabalhos assistenciais que ajudam as pessoas a enfrentarem a doença e a se repor no mundo, como os de assistência jurídica ou a oficina de capacitação para o trabalho" (Previna-se, p. 4).

Inobstante, Helena Pires, do GAPA/Florianópolis, alerta que "não podemos ficar de braços cruzados. Às vezes, nós fazemos tarefas de rotina, como ir até o Centro de Referência para marcar as consultas dos pacientes porque eles, sem dinheiro para o ônibus, não têm como fazer isso" (Previna-se, p. 5).

A questão do sustento econômico complica-se em dois sentidos, na necessidade, ou não, de profissionalização do voluntário da entidade e na forma de sua obtenção.

Sobre o primeiro ponto diz o relatório ARCA/1991: "A formação sistemática de pessoal qualificado para a intervenção social ainda é um sonho - o que faz da chamada prática a escola disponível. A dificuldade é que essa prática torna-se emocionalmente desgastada, sem resultar em alternativas de encaminhamento. O voluntarismo que viabiliza as organizações também as paralisa" (p. 8).

A respeito do financiamento ressalte-se, com Moral, o oportunismo de "organizações de homossexuais e, mais recentemente, de mulheres, assumiram como sua a causa da AIDS, mas, por sua vez, viram nela uma fonte de financiamento para causas que, mesmo quando são paralelas, de outra forma não poderiam. ser facilmente reivindicadas ou financiadas" (p. 9).

Também a disputa entre as entidades nacionais em busca de financiamento estrangeiro pode explicar a competição entre as ONGs e suas ligações atribuladas com o Estado. Assim é que o convênio entre o Banco Mundial e o governo brasileiro acabou envolvendo as entidades e muitos milhões de dólares destinados a elas.

A respeito disso, Harley Henriques declara que "ele deveria ser aplicado dentro de um programa de combate à AIDS, só que esse programa não existe. A própria coordenação do Programa Nacional de AIDS do Ministério da Saúde está 'vendendo' esse dinheiro como se fosse o resultado de uma política nacional, o que também não existe. Na verdade, o que existe é uma política ambígua em relação às ONGs e até uma tentativa de cooptação" (Previna-se, p. 5).

O que, segundo a opinião de Jane Galvão (ABIA/RJ), pode-se concluir, parece ter ocorrido: "Ficamos refém desse dinheiro. Se alguma coisa falhar, será a falência do programa nacional" (Folha de São Paulo, 14 de março de 1994).

5.3. GAPA: HISTÓRICO INFORMATIVO

O GAPA/RS surgiu em janeiro de 1989, formado por um grupo de amigos preocupados com a expansão da SIDA em Porto Alegre. Eles encontravam-se envolvidos com o tratamento de doentes e interessados em acabar com os preconceitos que rodeiam a doença. Eram, em sua maioria, homossexuais de ambos os sexos e pessoas ligadas a Igrejas. Nessa etapa, informal, começaram a organizara estrutura, estatutos etc.

A entidade foi oficialmente criada no dia 3 de março de 1989. Desse dia data a sua primeira ata, escrita em reunião realizada na Igreja da Reconciliação (Luterana); foi eleita a primeira diretoria, composta por Gérson Winkler, presidente; José Eduardo Gonçalves, secretário-geral; Feliz de Carvalho, tesoureiro; e o conselho deliberativo, Danilo Luz (também presidente de um grupo de hemofílicos), pastor Richard Wangen, Maria Ávila e Mauro Sirianni.

Apenas em 28 de maio de 1989, o Grupo apareceu publicamente. Na ocasião, promoveu um show no Brique da Redenção, para apresentar-se à comunidade gaúcha e alertar sobre a Síndrome. Distribuíram-se rosas vermelhas, folhetos e preservativos. Entre os convidados estavam presentes a Secretária de Saúde do município de Porto Alegre e representante da Secretaria de Saúde do Rio Grande do Sul.

A partir de então, o GAPA integrou-se em correntes internacionais, realizando todo ano, em maio, no dia da Vigília e Mobilização Mundial em Solidariedade às Vítimas da AIDS, culto ecumênico e manifestações, e, no dia 1º de dezembro, um ato para marcar o Dia Mundial de Luta Contra a AIDS.

Em entrevista ao jornal *Zero Hora*, de 27 de maio de 1989, Gérson Winkler, presidente do Grupo, dizia que ele reunia mais de 30 voluntários (entre médicos, psicólogos, estudantes e outros) e que "queriam desmistificar a AIDS, eliminar os preconceitos e garantir o exercício da solidariedade".

O GAPA, através do jornal *Correio do Povo*, de 31 de julho de 1989, ameaçava realizar ato público contra laboratório que oferecia, gratuitamente, um exame para detecção da SIDA. A razão era a necessidade de, para real comprovação da infecção pela doença, se realizar um mínimo - não assegurado, ao menos de forma gratuita - de dois testes.

Desde então, o GAPA reivindicou mais leitos e medicamentos para pacientes com SIDA. Ainda na matéria do *Correio do Povo*, de 31 de julho, anunciava a existência de 17 voluntários fixos e 50 de apoio.

Em 31 de agosto, o GAPA inaugurava sua sede, uma sala cedida pelo INAMPS, em prédio do Instituto, situado no centro da cidade. Na ocasião, o Grupo recebeu uma doação de 60 mil preservativos da Menno Indústrias Químicas, empresa com sede em Erexim, RS.

Nesta sala, passou a atender às demandas de serviço da população e, graças à Igreja Luterana, profissionalizou duas pessoas, uma para a função de secretária e *office-boy* e outra para atividades gerais relacionadas à prevenção da SIDA (palestras, atendimento, orientação, etc.). Destaque-se que essa última se confundiu com a pessoa do então presidente da entidade. A remuneração correspondia a um salário mínimo para cada.

Em outubro do mesmo ano, com apoio das secretarias municipais de saúde e cultura, organizou o I Simpósio Multissetorial sobre AIDS. Na ocasião, conforme registrou *Zero Hora*, de 13 de outubro de 1989, Gérson declarava que "o Governo tem de fazer a parte que lhe cabe, a saúde pública é de sua responsabilidade e ele não pode se omitir".

Logo após, *Zero Hora*, de 16 de outubro, noticiava que o GAPA se responsabilizou pela organização do 2º Encontro da Rede Brasileira de Solidariedade aos Portadores do Vírus da AIDS, evento que contou com suporte de entidades financiadoras internacionais.

Nessa época, o trabalho passou a ser dirigido a prostitutas, visando a prevenir a expansão da Síndrome naquele meio. Os voluntários percorriam as zonas do meretrício e tinham contato direto com elas, distribuindo preservativos, incentivando a visita à sede do Grupo para obtenção de novas informações. Percebeu-se, nesses contatos, que para as prostitutas a questão da SIDA era secundária, importando realmente a violência policial presente no dia-a-dia. Assim, em 2 de novembro, junto com Gabriela Silva Leite, do Movimento Nacional de Prostitutas, organizou-se um Encontro de Prostitutas.

Depois, em articulação com o Movimento de Justiça e Direitos Humanos/RS e com o apoio de vereadores, em audiência com a Brigada Militar, negociou-se o fim da violência policial. Após essa etapa, começaram as discussões a respeito da SIDA e sexualidade.

No dia 1º de dezembro de 1989, Dia Mundial de Combate à AIDS, o GAPA organizou manifestação pública na entrada do Hospital de Clínicas, exigindo mais leitos para doentes e atendimento ambulatorial para portadores. Também organizou *show* com cantores da Música Popular Gaúcha e atores transformistas e ainda recebeu, como doações, obras dos artistas Vasco Prado e Vera Wildner.

O presidente do GAPA, em carta publicada na sessão dos leitores de *Zero Hora*, de 29 de janeiro de 1990, reclamou de encarte publicado pela General Motors do Brasil, com apoio do Ministério da Saúde, por ter "indesejável intenção moralista e discriminatória [...]. Reproduzindo recomendações gritantemente opostas às orientações do próprio Ministério da Saúde e de instituições como a Organização Mundial da Saúde".

Em março, o GAPA fez divulgar que possui AZT para distribuição gratuita e estava cadastrando pessoas carentes necessitadas dessa medicação.

O Grupo organizou, em abril de 1990, novo ato por mais leitos, desta vez, na frente da sede da Secretaria de

Saúde do Estado e em maio recebeu nova doação de preservativos das Indústrias Menno.

O *Correio do Povo*, de 20 de junho de 1990, anunciou o desgosto do GAPA em relação à demora de as secretarias municipais e estaduais apurarem responsabilidades no Caso Carlos Jardim, no qual um portador agonizou durante muito tempo até morrer desassistido em sua casa, tudo devido à recusa de ambulâncias de hospitais em recolhê-lo.

A *Zero Hora*, de 27 de junho, registrou a oposição do GAPA à conferência mundial sobre SIDA em São Francisco, EUA. Anunciou, pois, o boicote da entidade, junto com as outras ONGs brasileiras, devido à necessidade imposta pelas autoridades norte-americanas de que a condição sorológica positiva fosse registrada nos passaportes dos portadores do VIH.

Em julho, o GAPA organizou uma reunião para mulheres portadoras. Aos poucos, dessa forma, o GAPA foi se tornando referência para questões relativas à SIDA. A sala em que funcionava era pequena para receber pessoas necessitando informações, profissionais do sexo (prostitutas, travestis e michês), querendo receber preservativos e portadores em busca de apoio.

Começaram então as tratativas para receber uma casa da secretaria de saúde do estado, visando a implantar um centro de convivência e uma casa de apoio. Essa casa foi ocupada em janeiro de 91, após a assinatura de um convênio, tendo os voluntários na época entendido que a conquista se devia às práticas da entidade, quais sejam, atos públicos, vigílias, distribuição de material informativo e preventivo (folhetos e preservativos) nas ruas, bares e boates.

Nesse momento, novas pessoas foram contratadas, uma telefonista, um *office-boy* (assim a secretária deixava de acumular funções) e outra pessoa capacitada a oferecer atendimento, palestras, organizar projetos, etc. Posteriormente, novas pessoas ligaram-se à entidade, menores da Febem e presidiários, através de programas de formação e reintegração social.

Ocorreu uma tentativa de dar independência ao trabalho com prostitutas, sendo constituído o Núcleo de Estudos da Prostituição (NEP), que, entretanto, continuou dependente do GAPA.

Devido à dificuldade de integração, os michês foram objeto de um projeto específico, ficando vinculados ao NEP apenas prostitutas e travestis, o que não significava a inexistência de disputa entre esses grupos. Parte desse trabalho teve o auxílio da Legião Brasileira de Assistência (LBA). O atual trabalho, desenvolvido no interior do GAPA, une os grupos (profissionais do sexo).

Em agosto, fruto de negociações com a Susepe, o GAPA entrou, pela primeira vez, nos presídios gaúchos. Distribuiu preservativos e material informativo para os visitantes.

Conforme o *Jornal do Brasil*, de 20 de setembro de 1991, o GAPA, durante evento no Hospital de Clínicas, protestou com faixas e cartazes. Gérson reivindicou, na ocasião, a participação da sociedade civil organizada a debater sobre a doença, além de exigir a demissão de Eduardo Cortes, coordenador do Programa Nacional de DST/AIDS, que deveria estar presente.

No mês seguinte, criticou o governo por deixar o Centro de Orientação e Apoio Sorológico fechado por trinta dias.

Mais um dia 1º de dezembro, e nova distribuição de material informativo e preservativo. Gérson declarou à imprensa que "é difícil a mulher impor regras na cama, pois quem decide o ato sexual é o homem".

O *Correio do Povo*, de 8 de janeiro, anunciava que o Grupo estava estudando a possibilidade de oferecer auxílio psicológico e de medicamentos a um transformista.

Durante o Plano Collor II, embora fosse declarado o congelamento dos preços, alguns produtos foram aumentados, entre eles o AZT. O Grupo recomendou que os pacientes que estivessem fazendo uso do medicamento levassem as notas fiscais à Sunab. Depois impetrou Mandado de Segurança no Superior Tribunal de Justiça, requerendo que, por decisão judicial, o preço permanecesse congelado. Embora seu projeto se caracterize por exigir a distribuição gratuita de medicamentos aos portadores e doentes. A ação foi declarada improcedente, devido ao entendimento de que o GAPA seria parte ilegítima para propô-la.

No dia 15 de abril, foi eleita nova diretoria, sendo Gérson Winkler reconduzido à presidência. Nos demais cargos, compuseram a chapa Glicério Moura, secretário-geral; José Eduardo, tesoureiro.

A partir deste mesmo mês, junto com o Programa Pró-Mulher da LBA, o Grupo passou a promover oficinas de saúde para as prostitutas.

No dia 9, denunciou a UFRGS por exigir teste admissional, e a Universidade, no mês seguinte, recuava, suspendendo os testes. No dia 11, respaldou a criação do Nuances - Movimento Homossexual Gaúcho.

Em maio, na 8ª Vigília em Solidariedade às Vítimas da AIDS, promoveu, entre outros, manifestação defronte ao programa estadual de DST/AIDS, exigindo que o governo distribuísse AZT.

José Eduardo Gonçalves declarou, pela entidade, em matéria sobre a ciência médica, publicada em *Zero Hora*, de 5 de maio de 1991, que a SIDA não podia ser considerada uma peste.

Para evitar o segregacionismo, o GAPA pressionou a Superintendência dos Serviços Penitenciários (Susepe) e, durante um fórum sobre AIDS e o sistema carcerário, conseguiu que não houvesse isolamento compulsório dos presos portadores do VIH nos presídios gaúchos. *Zero Hora*, em 28 de julho de 1991, anunciava como sendo "uma vitória do grupo de prevenção e apoio".

No dia 2 de agosto, o GAPA protestou contra escola de Venâncio Aires, que estava discriminando aluno soropositivo e, no dia 10, realiza pedágio para arrecadar verbas e distribuir material informativo/preventivo.

Em setembro, quando estourou polêmica sobre a cartilha informativa de a Secretaria Municipal ser ou não pornográfica, o Grupo não apenas apoiou a publicação e a distribuição, como foi à Câmara de Vereadores defender, na tribuna popular, esse material informativo no dia 2 de outubro.

O GAPA se posicionou a favor de professores que se diziam perseguidos por sua opção sexual pela Secretaria de Educação do Estado. No mês seguinte, criticou a Secretaria de Saúde do Estado por desconhecer a realidade da SIDA nos presídios gaúchos.

O primeiro número do Jornal do GAPA apareceu em outubro. Trazia matérias sobre a entidade e seu pensamento, fazendo breve histórico e colocando os serviços à disposição. Reproduziu um quadro informativo sobre SIDA, publicado no jornal francês *Libération*, utilizando nos textos expressões populares antes usadas na cartilha da Secretaria Municipal.

Nos dias 8, 9 e 10 de novembro, o GAPA organizou e sediou o I Encontro Gaúcho de ONGs na Luta Contra a AIDS. Do encontro participaram mais de cinqüenta pessoas, vindas de Pelotas, Rio Grande, Uruguaiana e Caxias.

No dia 1º de dezembro, no Brique da Redenção, o Grupo *construiu* um cemitério com 724 lápides, cada uma com um número, e a inscrição "AIDS - vítima nº XXX - da omissão governamental", além das atividades de distribuição de material informativo e preventivo. Na ocasião, o GAPA recebeu e realizou leilão de uma obra de Iberê Camargo.

O segundo número do Jornal do GAPA anunciava todas essas atividades, principalmente, explicava o que significava o dia e qual o entendimento a respeito de seu slogan: "Compartilhar o Desafio". Veiculava mensagem do prefeito Olívio Dutra, do deputado Sérgio Zambiasi, da apresentadora de TV, Tânia Carvalho, do King - Rei Momo - e de Deise Nunes, ex-Miss Brasil sobre a SIDA e a necessidade de solidariedade. Trazia ainda homenagem a Geraldo, companheiro recém-falecido.

Em janeiro e fevereiro, junto com prefeituras do litoral, o GAPA desenvolveu atividades de prevenção e colaborou com o vereador João Motta (PT) na elaboração de projeto que reserva leitos para soropositivos em Porto Alegre.

Ao mesmo tempo, com deputados da Comissão de Saúde da Assembléia Legislativa, no dia 16 de janeiro de 1992, o Grupo protestou contra o Hospital Espírita, que se recusava a internar um paciente soropositivo. Acabou impetrando Mandado de Segurança e obtendo liminar na Justiça, mas o paciente, então, preferiu não se internar naquela instituição.

Da Assembléia, mais exatamente da bancada de deputados do Partido dos Trabalhadores, em 17 de janeiro, o Grupo, junto com o Movimento dos Sem-Terra, recebeu verba de convocação extraordinária que os parlamentares consideravam não ser sua por direito.

Ainda em janeiro, no dia 22, a imprensa tomou conhecimento de que o "Lampadinha", gibi roteirizado por presidiários, contendo informações sobre a Síndrome, estava pronto e começava a circular no sistema carcerário gaúcho. A revista, financiada pela OMS e por uma entidade religiosa alemã, foi destacada como exemplo a ser seguido no país. Nessa época, o GAPA publicou também o terceiro número do seu jornal.

No dia 29 de março de 1992, a Prefeitura Municipal de Porto Alegre entregou ao Grupo a Medalha Cidade, recebida por Gérson Winkler.

Durante o caso Gérson, jogador de futebol do Internacional que teve sua sorologia divulgada por um dirigente, o GAPA acusou a imprensa de sensacionalista e o clube por desrespeitar o sigilo devido ao jogador.

Junto com a organização do III Congresso Brasileiro de Saúde Coletiva, o GAPA provocou grande polêmica ao propor a colocação de uma *camisinha* na chaminé do Gasômetro - construção de altura superior a cem metros

-15 de maio. Porém, o material, confeccionado especialmente para a manifestação, não se mostrou adequado, partindo-se.

No dia 16, 9ª Vigília em Solidariedade às Pessoas com AIDS, no Brique da Redenção; 500 crianças, entre alunos da rede municipal, escoteiros e outros, pintaram cartazes, demonstrando solidariedade.

Gérson Winkler, presidente do GAPA, lançou candidatura à vereança pelo PPS. Conforme declaração à imprensa, no dia 13 de junho, "queremos mostrar que o portador do vírus da AIDS é um ser vivo". Algum tempo depois, a candidatura era retirada.

No dia 23 de maio, o GAPA, novamente, acusou a UFRGS. Agora, de se recusar a atender pacientes com SIDA em seu ambulatório odontológico. A justificativa era a falta de estufa para esterilização do material. Após reuniões com professores, alunos e comunidade, e a compra de novos equipamentos, o atendimento foi normalizado.

No dia seguinte, *show* com a cantora Adriana Calcanhoto, no Bar Ocidente, ponto maldito do Bom Fim, comemorou o terceiro aniversário da entidade.

Em junho, o Grupo recebeu dos Estados Unidos um quadro do artista plástico gaúcho Fernando Baril.

No dia 22 de agosto, Ana Botafogo, Ieda Maria Vargas, Luís Fernando Veríssimo e outros "autografavam pela vida" num dos shoppings da cidade. Eram autógrafos vendidos em panfletos informativos. Neles aparecia uma camisinha sendo usada de chapéu por um pé, ela estava colocada sobre o dedão.

O GAPA, em setembro, cobrou atendimento do Hospital São Lucas, da PUC/RS, a soropositivos e pedia a punição dos responsáveis pelo tardio atendimento a Ernani Meyer, que perambulou por quatro hospitais da cidade até morrer. Ele era portador do VIH.

Em setembro circulou nova edição do Jornal do GAPA (nº 4). Trazia como matéria principal "o uso político da AIDS" e publicou textos dos candidatos a prefeito de Porto Alegre. Também divulgou artigo sobre a doença e direito do trabalho.

Em 9 de outubro, *Zero Hora* noticiou assalto à sede do GAPA, um dos vários, mas o único com repercussão em jornais.

No mês seguinte, um ex-presidiário procurou o juiz, que o condenara anteriormente, pedindo para retornar à prisão. Não tinha assistência, dizia, e teria de furtar para viver. O GAPA o acolheu, pagando um quarto de pensão para que reorganizasse sua vida. Como não aceitava *qualquer* trabalho, depois de um tempo foi *abandonado*.

Durante o I Seminário Internacional de AIDS, realizado pela Assembléia Legislativa, quando do discurso do Secretário Estadual de Saúde, os voluntários do GAPA abriram faixas de protesto e, vestidos com longas túnicas pretas, que permitiam ver apenas os rostos cobertos com máscaras de morte, caminharam entre as poltronas do auditório.

Era um protesto contra o discurso médico predominante no Encontro, contra a intolerância da Secretaria Estadual e contra um deputado daquela casa que discursara, em ato pelo *impeachment*, dizendo que Collor devia deixar a Presidência da República, pois estava contaminado pelo vírus da SIDA. Essa manifestação foi notícia na edição de novembro/dezembro do Jornal do GAPA (nº 5), pois depois de ir ao ar em um noticiário noturno, desapareceu dos veículos de comunicação.

No Dia Mundial de Luta contra a AIDS, um ato foi realizado na Esquina Democrática e outro no dia seguinte, 2 de dezembro, na frente de sede da Unimed, cooperativa de assistência médica, que não auxilia filiados quando de doença relacionada com a SIDA. O chão da calçada dessa empresa foi lavado com "sangue".

No dia 17 de dezembro, em nome próprio, Gérson pedia que, na nova administração, a segunda consecutiva do PT e partidos coligados, a Secretária de Saúde não fosse mantida em seu cargo. Isso se daria devido à inexistência de uma política municipal de prevenção à SIDA.

A composição da Administração Popular II foi definida, e o novo Secretário Municipal de Saúde convidou Gérson para assumir o cargo de coordenador do programa municipal de prevenção da SIDA. Para aceitar tal tarefa e se desligar do Grupo, Gérson escreveu a carta que segue:

"Porto Alegre, 18 de janeiro de 1993.

Prezados amigos,

certamente o grande desafio imposto às ONGs/AIDS no Brasil é o acompanhamento das políticas públicas com relação à epidemia da AIDS e a garantia dos Direitos Humanos das pessoas infectadas pelo VIH.

Ao surgirem, várias ONGs tinham como alvo principal a desmistificação dos chamados grupos de risco e a garantia do direito de ir e vir das pessoas infectadas pelo vírus da AIDS.

A luta contra o preconceito, sem sombra de dúvida, ocupava um papel fundamental nas lutas políticas dos grupos organizados. Na medida em que os governos falhavam nos seus programas de prevenção da doença, várias entidades surgiam na tentativa de informar a população sobre a gravidade da epidemia. A bem da verdade, entidades que lutavam pelo resguardo dos direitos civis dos portadores do VIH se lançaram em trabalhos assistenciais e preventivos, destinados a cumprir uma responsabilidade dos governos nas suas diferentes esferas.

Compreendendo a importância política das ONGs em pressionar o Estado para desenvolver políticas com relação à AIDS no RS, é que, em abril de 1989, assumi a presidência do GAPA/RS, com o objetivo de lutar para que indivíduos tivessem sua cidadania garantida.

Despedindo-me de meu segundo mandato de Presidente da entidade, para compor, a convite do Governo Tarso - Administração Popular, o quadro técnico para desenvolver as políticas de prevenção à AIDS no município de Porto Alegre, acredito que a solução de continuidade está em ocuparmos espaços governamentais para reforçar sua responsabilidade no cumprimento de suas funções.

Acredito que o GAPA/RS poderá manter sua autonomia, tendo uma postura crítica no acompanhamento das ações governamentais, exercício pelo qual o grupo tem levado com grande seriedade.

Nesse sentido, acredito que Glicério Manuel de Moura Neto, assumindo interinamente a Presidência do GAPA/RS poderá conduzir a entidade nas suas diversas lutas, assim, como nas suas situações de impasse, criando espaço onde todos possam participar.

Gostaria também de dizer que a partir desta data sigo junto com o GAPA/RS na execução do Projeto de Prevenção entre os Presidiários. Informo também meu novo endereço profissional:

SMSSS - [...]
Atenciosamente,
Gérson Barreto Winkler"

No carnaval realiza-se campanha conjunta com a Secretaria Municipal de Saúde. Sai o Jornal do GAPA nº 6 em janeiro/fevereiro.

Acrescente-se a este histórico que, durante toda sua atuação, o GAPA sempre procurou oferecer aos soropositivos a possibilidade de participar de grupos de auto-ajuda, atendimento psicológico, jurídico, nutricional e outros, além de atender escolas, empresas, prefeituras do interior etc.

5.4. GAPA: HISTÓRICO PESSOAL I

A primeira vez que ouvi falar sobre o GAPA foi num bar da Rua Riachuelo. Não lembro porque caminhava por ali, mas o fato é que lá estava quando dois colegas, de dentro deste bar, me chamaram. Eram Rubens e Elenice, da Faculdade de Comunicação da PUC/RS (Famecos).

Na verdade eram, até então, apenas conhecidos. Não me lembro deles antes disso. Havia reingressado na faculdade depois de dois anos de viagem e minha turma estava formada, alguns poucos remanescentes ainda por lá perambulavam.

Eles me chamaram e disseram que era bom que eu estivesse por ali. Tinham pensado em mim. Estavam para começar um projeto de vídeo sobre prostituição e queriam contar comigo.

Naquela época, eu estava fazendo um estágio na assessoria de comunicação da CEEE, departamento de vídeo. Eles deviam saber.

Chegaram o Rubens e a Elenice e fizeram a proposta. Iríamos acompanhar o trabalho do GAPA, um grupo recém-formado que estava trabalhando com SIDA e prostituição, tinha sua sede na Avenida Borges de Medeiros; eles já haviam iniciado o contato.

Aceitei.

Dávamos plantões junto com os voluntários (na época só me lembro de ter conhecido um, o Gérson - e visto o nome do Zé Eduardo num cartaz) da entidade. Conversávamos com as prostitutas sobre suas vidas e idéias a respeito de um filme sobre isso. Com algumas eram conversas formais, cheias de medo das duas partes, com outras eram interessantes.

Começamos, os três, a sair com duas garotas que faziam ponto na Praça Dom Feliciano, garotas de nossa idade, classe média baixa. Com base na história da vida de uma delas, elaboramos um roteiro. A produção iniciou, chegamos a filmar uma cena. Mas problemas pessoais entre nós três acabaram por encerrar o projeto.

Restou um início de amizade com o Gérson, um começo de freqüência assídua ao GAPA, o início de discussões, o começo de um trabalho.

Aquele mundo era para mim completamente novo. Prostitutas, travestis, bichas, todos se misturavam com a dor e o sofrimento, de dificuldades da vida e, de quando em vez, a revelação da doença. Um submundo onde eu era não apenas um visitante, mas alguém que respeitava e era respeitado, integrado de certa forma.

Com o pessoal do GAPA, passei a freqüentar bares e boates *gays*, inferninhos da Voluntários e Farrapos. Trabalhei com igrejeiros e em Igrejas. Em bailões, secretarias de estado, danceterias, Assembléia Legislativa, delegacias de polícia, faculdades, presídios.

Sentia nas poucas pessoas que formavam o GAPA um sentimento de amizade e cooperação. As brigas existiam; pessoas eram, gentilmente, ou nem tanto, convidadas a - ou levadas a - se excluírem. E não foram poucas, embora fôssemos poucos. Mas, mesmo nas brigas, percebia-se a franqueza dos que se respeitam.

Era um trabalho lento, inicialmente de conquistar a confiança das pessoas, e isso talvez fosse o mais agradável. Nossa *missão* era sair, conversar, conhecer e se fazer conhecido.

Nos bares, com as pessoas, bebíamos, conversávamos sobre nossas vidas e as dos outros. Ensinávamos muito pouco em relação ao que aprendíamos, além de coisas cotidianas, os depósitos de artigos roubados, a gíria dos travestis e sua vida na Itália, o amor dos gigolôs pelas prostitutas.

A teoria morria, e vivíamos a prática. Aprendíamos sobre mundos diferentes e mostrávamos um mundo também diferente; uma realidade desconhecida sobre uma doença negada, escondida, a *tia* - como é conhecida, assunto tabu que tentávamos desmistificar.

Com o tempo, motivos profissionais me distanciaram. A participação começou a ser apenas a colocação de notas no jornal no qual trabalhava então, anunciar uma pauta, etc. Um certo dia o Gérson me chamou e perguntou se eu não tinha como ir a São Paulo negociar verbas para um jornal.

Pedi uma licença de dois dias no serviço, ganhei uma passagem de presente de meus pais e fui visitar o Rubens, que lá estava trabalhando.

A empresa, fabricante do AZT, medicamento utilizado por pessoas contaminadas, encarou a coisa como uma sutil chantagem. A primeira fala disse respeito a nossa ação na Justiça, visando a congelar o preço do remédio. E fez uma série de exigências, coloquei a necessidade de discutir com o Grupo e nos despedimos. Novos contatos telefônicos resolveram a situação, e passei a ser o editor do Jornal do GAPA. É claro que o Gérson tinha uma idéia e convidou algumas pessoas. Logo, na primeira edição, houve problemas, uma jornalista convidada, com quem mantínhamos contato a longo tempo, não gostou do uso de desenhos e expressões *cruas*. Disse sentir-se chocada e traída. Afastou-se.

Isso aconteceu na reunião de avaliação do número um, na qual também a fotógrafa, a Elenice, deixou o Jornal. Ela considerou que as discussões eram inúteis e irritou-se, recusando-se a continuar. Ficamos eu, outra jornalista, a Adriana Kurtz; o Calliari e o Piti, os ilustradores; vários fotógrafos atuaram nas edições subseqüentes.

Quando saí do trabalho, voltei a atuar no GAPA. Mas a entidade estava diferente. Nada mais era amador. Existiam *profissionais* para tudo. Passei a me colocar como homem de confiança da diretoria, em certa época apenas, durante alguns poucos meses, quando mais estive afastado do Grupo, fiz parte do Conselho Deliberativo.

Representava o GAPA quando o presidente não podia estar presente, negociava com a bancada do Partido dos Trabalhadores a doação de verbas, escrevia textos.

Quando o advogado da entidade anunciou sua saída, o Gérson pediu que eu assumisse o cargo e fizesse um projeto junto com a Universidade, para que a instituição nos cedesse bolsistas da Faculdade de Direito.

Tal foi feito junto com a professora Luiza Helena Moll. Nesse tempo, porém, o Gérson pediu desligamento devido ao convite para assumir a coordenação do programa municipal de DST/AIDS. O Glicério assumiu. Também meu amigo pessoal, continuei próximo. Nesta época, o projeto foi aprovado e juntos selecionamos os bolsistas e o implantamos - tendo durado todo um ano.

Tendo em vista a proximidade da posse da nova diretoria, decidiu-se não editar um novo número do jornal. A anterior causara muita polêmica. Eu fizera reproduzir um texto canadense contra os testes das vacinas antivih (as ONGs brasileiras são majoritariamente favoráveis a tal iniciativa) e publicara tira do Calliari, considerada como de mau gosto e preconceituosa, na verdade, era apenas um pouco de humor negro.

5.5. GAPA: HISTÓRICO PESSOAL II

Acrescento agora textos que escrevi e colei nas paredes da entidade durante os anos de militância e as colunas "A propósito", publicadas no Jornal do GAPA, onde, enquanto editor, expunha idéias que considerava relevantes. Mostram esses antigos escritos minhas idéias a respeito da entidade.

1) Coluna "A propósito", Jornal do GAPA, nº 4, setembro e outubro de 1992

Desde 1989, quando entrei no GAPA, percebi o fascinante de trabalhar com AIDS. Conhecíamos modos de vida diferentes e aprendíamos a respeitá-los, pois, caso contrário (como acontece com os órgãos públicos) éramos expulsos. Não apenas isso, naquele tempo, éramos cinco ou seis que lutavam por abrir um espaço para discutir algo que a sociedade preferia esquecer; somente nas manifestações de rua conseguíamos aumentar nosso número e, então, éramos suficientes 20, 25 pessoas a gritar - algo já considerado suficiente pela imprensa.

Hoje, poucos anos depois, somos muitos. Cruzamo-nos pelo casarão, mas não nos conhecemos, não saímos de madrugada a fazer festa nem nos preocupamos em saber quem é, quem foi, o que precisa aquele que caminha ao nosso lado. Isso vai continuar assim, é impossível mudar. O GAPA continuará (como uma repartição pública) parando de dar atendimento, quando chegar a hora do fim do expediente. É o resultado de uma escolha: a de crescer.

Fizemos essa opção em 1991, quando decidimos que queríamos ocupar uma casa, sair dos guetos, ser respeitados e tentar cumprir todas as missões que nos impúnhamos. Isso não aconteceu só no GAPA/RS, em todo país, é a mesma situação; isso tampouco é novidade, muitos movimentos sociais passaram por tal dilema.

A questão que se impõe agora, em conseqüência de tal fato é: Que fazer? Parece-me de vital importância a discussão teórica. Não podemos apenas continuar fazendo, temos de saber o porquê do estarmos fazendo.

Eis a razão pela qual o Jornal do GAPA, a partir desta edição, irá começar a levantar dúvidas e questionamentos sobre as mais diversas dimensões da epidemia da AIDS, sempre priorizando o relativo ao papel do voluntário enquanto cidadão e da entidade enquanto organização representante da sociedade civil.

2) Sobre o inconsciente coletivo do GAPA (e outras historinhas) - sem data

Um dia veio uma pessoa de um centro de apoio a entidades ajudar-nos a resgatar nossa memória. A memória do GAPA, da criação da entidade. Agora há pouco, entrou a Mírian na sala do Gérson e lembrei-me de que minhas anotações a respeito dessa reunião estão com ela. Pedi que me devolvesse. Ela disse que o fará, logo que encontrá-las.

Gente, nossa memória perdeu-se.

E nós parecemos, igualmente, perdidos.

Como eu assinalava na coluna "A propósito" do Jornal, não nos conhecemos. Ainda ontem eu estava, com a Pacy e o Zé da Terreira (antigo amigo dela, novo amigo meu), a conversar no Brique quando... a Letícia, voluntária do GAPA, veio me entregar o Jornal. A única atenuante é que ela recém fez o curso e começou a militar.

Mas, aonde vamos? Será que sobreviveremos? Sim, certamente; mas como pessoas, solidárias, de acordo com seus ideais? Ou como velhos burgueses caquéticos? Ou mentirosos ex-ativistas completamente institucionalizados bradando que continuam a lutar, em contradição com toda a prática atual.

Refiro-me, neste sentido, à posição de alguns "companheiros" do centro do país que defendem, por exemplo, a vacinação já, sem pensar em cobrar do governo uma efetiva campanha de prevenção. Nesse sentido, reafirmo minha posição. Não se trata de ir contra a pesquisa, mas de deixá-la nas esferas científicas, seu lugar, e nos preocuparmos com nossa (histórica) função: a de militantes, ativistas, pessoas engajadas em, primordialmente, lutar contra a discriminação e obrigar o governo a assumir suas responsabilidades no que tange ao controle da Síndrome.

3) A Nossa Moral (fragmentos dispersos de um pensamento imaginário) - sem data

Eu não camisinho!!!

Eu caminho. E uso a camisinha (uso?). Mas, certamente, não será no pé.

Interessante o desprezo do GAPA pelo imaginário popular. Até hoje, ainda não se realizou um debate sério sobre o significado do furo (desgraça) da camisinha colocada na chaminé da Usina do Gasômetro. O que representou isso na visão dos porto-alegrenses?

Nem bem se havia chegado nesta discussão, eis que surge outra polêmica, muito mais grave: O DEDÃO TRANSMITE AIDS?

De acordo com nosso último panfleto, fartamente distribuído no Shopping Praia de Belas, não se ele estiver usando preservativo.

Como justificativa para tal fato, foi-me dito que a direção do Shopping não aceitaria o desenho de um caralho, pau, cacete, sendo entregue dentro de suas puras e castas paredes. Outra, que não seria simpático dar tais obscenidades para os convidados autografarem.

Que é que estamos fazendo? Será que nada está dando certo? Ou a nossa luta não passa, em primeiro lugar, por lutar para que as pessoas vejam sexo, AIDS, homossexualidade, prostituição, como realidade, se não imitadas, ao menos admitidas - em respeito à dignidade humana.

Serve-nos realizar manifestações às custas de tantas barganhas?

Isso serve realmente à nossa causa?

Novas questões para serem refletidas.

4) Um Ativista Recomenda: boicotemos as vacinas e os tratamentos enquanto eles não estiverem assegurados para todos - sem data

Jon Gates, coordenador da CISD convidou as pessoas e as ONGs/AIDS a se recusarem a apoiar o lançamento de vacinas ou de eventuais tratamentos para a AIDS enquanto os medicamentos não forem acessíveis a todos os povos, tanto no mundo desenvolvido quanto no subdesenvolvido.

Dirigindo-se aos membros da Sociedade Canadense da AIDS, em 23 de maio, Gates pronunciou vibrante discurso descrevendo a necessidade de solidariedade, até mesmo de sacrifício para apoiar as pessoas dos países subdesenvolvidos que suportam o peso maior da epidemia.

Gates situou a AIDS num quadro global e criticou fortemente aqueles que debatem com uma atitude do gênero "vamos primeiro nos ocuparmos de nossas próprias ovelhas", sustentando que se trata de uma filosofia moralmente indefensável. Perguntando-se como alguém pode dissociar sua comunidade do mundo globalmente interdependente, Gates ofereceu a escolha entre a solidariedade com os $^3/_4$ da população do mundo ou seu abandono puro e simples, com a conseqüente traição da moralidade com a qual, tão seguido, queremos nos apresentar.*

Enquanto isso, num certo paísinho da América do Sul, as ONGs ficam discutindo sobre se queremos ou não ser testados, nem ao menos se perguntando sobre o acesso da população aos resultados das pesquisas ou a implementação, real e imediata, de uma eficiente campanha preventiva/educativa.

5) Coluna "A propósito", Jornal do GAPA, n⁰ 5, novembro e dezembro de 1992

No último número, eu falei sobre as dificuldades do GAPA, devido ao seu crescimento: a mudança de sede, o aumento de voluntários, etc. Pois bem, um domingo eu estava no Brique e uma pessoa me perguntou se eu já conhecia o GAPA, se queria um jornal sobre AIDS...

Mas esse problema aparece também nas ONGs/AIDS. Elas cresceram, assumiram responsabilidades e se esforçam por cumpri-las. Como?

Pelo que parece, do jeito possível. Arrumando daqui, empurrando dali, conseguindo um financiamento de-onde-vier-vem-bem.

---

* Texto publicado em "SIDA: réalités", revista publicada pela Associação Canadense de Saúde Pública. Ah, o mês é maio e junho, o ano 1992.

Nesse sentido as entidades financiadoras devem ser elogiadas, nunca ouvi falar de alguma interferência nas ONGs. Ao menos de forma direta; pois cada um só apóia a área de seu interesse, influenciando, em conseqüência, muitas decisões.

Porém não se pode dizer o mesmo das ONGs, as adesões de inúmeras "lideranças da AIDS" ao governo Collor são o exemplo. Exemplo de que se é capaz de fazer muitas coisas. E justificá-las (mas algo foi realizado nos últimos tempos pelo Governo Federal?).

E, destaque-se, a posição de aderir ao Programa Nacional nunca chegou a ser discutida, resumindo-se a decisão de alguns poucos iluminados. Era uma opção particular (as repercussões no movimento acabaram esquecidas).

A questão do teste de vacinas no Brasil segue a mesma linha. A discussão é mínima, centralizada por algumas pessoas.

O dossiê publicado a respeito pelos Grupos Pela Vidda/RJ e SP e ABIA, embora excelente, peca pelo excesso no sempre questionado discurso médico-científico. E pensar a vacina de outra forma? E pensar a sua irrelevância, tendo em vista o quadro geral da epidemia no país?

Agora é o momento de democratizar a questão e cuidar para que, se aprovados os testes, as ONGs não passem a, coorporativamente, defender os hospitais de suas cidades.

6) O GAPA, os Voluntários e os Projetos - 18/12/1992

hoje tem projeto?
tem sim senhor
Que a entidade mudou muito eu já disse e todos podem ter percebido, mas que o dinheiro é a causa prin-

cipal dessa mudança os nossos pudores não deixam revelar.

Status no GAPA já foi ter um grupo, ter a chave da entidade e, agora, é ter um projeto aprovado, trazendo dinheiro para o Grupo e, por que não?, também para si.

Estamos em guerra. O governo estadual nos está dando dinheiro, o Banco Mundial também (em breve, se deus quiser!) e quem mais? Bem, esta não é propriamente a questão.

Devemo-nos perguntar, isto sim, para quê?

Qual o nosso projeto, talvez coubesse melhor escrever

Projeto.

Iremos ser a entidade boazinha, amiguinha dos aidéticos, protetora dos fracos e oprimidos?

Ou lutamos por nossa cidadania, por nossos direitos? Buscamos que a sociedade veja seus preconceitos, suas políticas sujas?

E não nos digam que esses dois objetivos não são excludentes. Eu sei que não o são. Mas não quero lutar pelos dois, pois o resultado estou vendo no dia-a-dia do GAPA, no qual estamos viciados em apenas defender o primeiro, que nos traz dramas mais reais e pungentes.

Mas e da discriminação nossa de cada dia? Essa que não percebemos e contra a qual, portanto, não nos insurgimos, é ela menos fatal? Quando iremos nos preocupar com ela? Ou a perseguição a homossexuais é tabu até mesmo dentro de uma entidade tipicamente bicha? De putas nem falo (a maior parte das pessoas que aqui circulam nem devem saber que o GAPA surgiu trabalhando junto delas).

7) Coluna "A propósito", Jornal do GAPA, nº 6, janeiro e fevereiro de 1993

A discussão sobre a realização, ou não, de testes de vacinas no país reflete uma mudança do discurso das

ONGs/AIDS brasileiras. Evidentemente, não acontece essa modificação apenas em decorrência de um fator. São as funções e objetivos dos grupo que estão se alterando, passando de uma fase inicial (onde as dificuldades eram muitas, os recursos poucos) para outra (onde imperam os financiamentos e, por conseqüência, comprometimentos).

É quase irreal pensar nas ONGs/AIDS hoje como estruturas amadoras e isso obriga a que pessoas sejam profissionalizadas e profissionais passem a utilizar um discurso técnico para garantir espaço. Perde, pois, o discurso que antes era sentimento, de solidariedade, de luta do grupo por um ideal.

Se antes AIDS não era simples doença, hoje o advogado é o único capaz de saber o que é direito em relação à AIDS, o psicólogo assume a exclusividade sobre o atendimento psicológico etc. Deixamos de nos preocupar com as dimensões da AIDS que ultrapassam os campos específicos do conhecimento. Morre a interdisciplinariedade.

Essas relações de poder não se limitam aos espaços das ONGs. Os médicos nos desprezam, inferiorizam. Mesmo assim pedimos vacinas já. Mesmo que nossas dúvidas não sejam respondidas, mesmo que nada do nosso antigo projeto seja realizado (alguém já viu uma boa campanha informativa por aí?).

Acreditamos que tudo pode ser feito, mas algo está sendo realizado?

Apenas temos o aceno da possibilidade dos testes das vacinas e ela passa a ser nossa luta. E justificamos: com ela haverá investimentos, pesquisas médicas, e é disso que necessitamos.

Mas não é só isso que queremos. Acreditamos que apenas trabalho e luta garantirão um amanhã melhor. E nele não queremos que estejam apenas brasileiros. Queremos, isso sim, o fim do preconceito e da discriminação, queremos solidariedade. Queremos que nossas conquistas revertam para toda a humanidade.

AIDS E DIREITO
PAPEL DO ESTADO E DA SOCIEDADE NA PREVENÇÃO DA DOENÇA

5.6. GAPA: UM NOVO MOVIMENTO SOCIAL

Dentre os movimentos sociais, os relacionados à SIDA são os mais recentes. Sua atuação na prevenção da expansão da Síndrome e luta pela cidadania dos contaminados não possui, diretamente, relação com a oposição à ditadura militar. A oposição desses novos movimentos sociais chega a ser mais pretensiosa; além do pessoal da área de saúde e hospitais e do governo, os primeiros, por sua omissão no atendimento, e o último, pela conivência, objetivam uma mudança na consciência da sociedade. Buscam com que os soropositivos se imponham enquanto cidadãos, sujeitos de direitos.

Assim, com base num discurso que prega uma atuação "politicamente correta" no tangente a seus objetivos, age e, pois, forma-se o GAPA.

Esse discurso destaca a SIDA como uma doença como outra qualquer, cujos doentes não deveriam ser discriminados, porque eles não têm culpa de estarem doentes, suas vidas não estão em jogo. Preconiza que os esforços governamentais se voltem para oferecer atendimento adequado aos necessitados e realizar um programa de prevenção eficaz com base em informações não preconceituosas, ou seja, nunca pregar a abstinência sexual, mas o uso de preservativos; nunca acusar o drogadito, mas lembrá-lo dos perigos do vício, alertando que, se o abandono da droga não for possível ou desejado, deve adotar medidas preventivas para evitar o contágio.

Mas a forma de implementação desse discurso sempre foi problemática. A atuação do GAPA no seu primórdio era limitada por sua estrutura material e pessoal. Não aconteciam reuniões periódicas para pensar a prática cotidiana do grupo. Apenas esporadicamente, o pessoal se encontrava para discutir questões políticas ou crises internas de relacionamento mais graves.

Lembro-me bem da primeira sede do GAPA, uma sala num prédio do INSS no centro da cidade. Na porta, um cartaz anunciava o horário de atendimento e o telefone do Gérson e do Zé Eduardo para contatos.

Nessa época, o Grupo já tinha personalidade jurídica e reconhecimento estatal. Isso ocorreu graças ao trabalho anteriormente realizado, quando a entidade existia apenas de fato. Os participantes reuniam-se na casa de um ou de outro, organizavam-se não clandestinamente, mas desinstitucionalmente, pelo próprio desenvolver da história, se percebe que, embora se valendo de discurso em sentido contrário, a institucionalização era o objetivo da entidade.

Do GAPA participavam, em um núcleo atuante, seis ou sete pessoas. O número aumentava em suas manifestações, graças aos estudantes da Universidade Luterana de São Leopoldo, trazidos pelo pastor Wangen, cuja atuação foi vital para a organização do Grupo. Através dele, obteve-se o primeiro financiamento, equivalente a dois salários mínimos mensais.

A participação dos voluntários era centralizada nas raras atividades: atendimento por plantões na sede, atos públicos e trabalhos de informação a respeito da SIDA. Desses, o ligado a prostitutas era sistemático, ocorrendo semanalmente na Igreja Luterana. Essa participação ocorria com base na regra do "um por todos, todos por um".

Isso só se alterou após a mudança, em 1991, para a nova sede. Mais pessoas incorporavam-se ao trabalho e existia então espaço físico para tal. Inclusive, a única peça reformada, no início, foi um depósito existente nos fundos da casa, transformado em auditório. Ali começaram a acontecer as reuniões de segunda-feira.

Nesses encontros, que começavam às sete horas da noite, discutia-se tudo, até mesmo seu caráter. No início, aquele espaço decidia de questões administrativas a políticas que deveriam ser encaminhadas pela diretoria e corpo de voluntários, passando pela estruturação do próprio Grupo.

Por medida de racionalização do tempo, entretanto, abandonaram-se as questões administrativas que, com a cobrança de um conselho participante, foram delegadas a ele. Essa mudança foi fundamental; em nível interno, deixou-se de realizar algo que se buscava; em nível externo, houve maior participação. Decisões, *a priori*, secundárias, fugiram ao controle do grande grupo, ficando a cargo da "burocracia" da entidade.

O antropólogo João Guilherme Biehl, brasileiro com nacionalidade norte-americana, residindo nos Estados Unidos, escreveu :

"Participei das reuniões auto-reflexivas do GAPA. Recoleta de memória. Objetivavam uma genealogia do trabalho desenvolvido nos três últimos anos. Assim como as visitas carcerárias, esses encontros iluminaram algumas das contradições, conflitos e questões a serem percebidos, a nos perseguirem durante a viagem. A impressão que circulava é de que, de uma forma geral, o ativismo oficial de AIDS - como articulado até então no Brasil - ou refletia padrões internacionais e/ou evoluía no sentido de se parecer com (e eventualmente participar) o ainda frágil e ineficiente Programa Nacional de AIDS do Ministério da Saúde. Mencionou-se que o poder de barganha do Programa Nacional junto às ONGs está crescendo, uma vez que agora administra empréstimo do Banco Mundial. Freqüentemente, eu também ouvia que as 'estrelas' do ativismo da AIDS estavam agora planejando reuniões e escrevendo projetos para o Ministério. O medo era de que tudo isso neutralizasse o caráter político do ativismo, já que colocava as ONGs de AIDS dentro de um sistema que - tal como é percebido - opta por incentivar programas paralelos em lugar de investir na inovação de programas federais de saúde coletiva".

Cumpre destacar o que considero o nosso maior erro, reproduzido da quase totalidade de ONGs brasileiras: a remuneração dos *voluntários* (*voluntários* assalariados?). A causa da distorção é a óbvia necessidade de dinheiro para garantir a subsistência, ainda mais num país em que os salários são baixos, acarretando acúmulo de atividades que impossibilitam a dedicação não-remunerada à militância política.

Mas, ao contrário da representação parlamentar, onde penso ser o salário elemento essencial à garantia do exercício do direito de ser eleito, nos movimentos sociais, parece-me que ele tem efeitos maléficos. O amadorismo é parte das ONGs, pelo fato, inclusive, de que sua crítica não pode limitar-se ao Estado, sendo básico que se estenda ao institucional, ao corporativo. O que só pode ocorrer em se contrapondo ao discurso técnico da capacitação e produtividade.

No GAPA, porém, isso raras vezes ocorreu, tanto que a contratação de pessoas esteve na formação da instituição GAPA, quando de sua criação de direito. No início de forma despreocupada, os salários oferecidos não eram relevantes, não podendo ser considerados nem como ajuda de custo, tal sua miserabilidade: um salário mínimo vigente no país para a secretária-*boy* e outro para o encarregado de atendimento individual, palestras etc.).

Com o tempo (e financiamentos internacionais), essa realidade mudou, e salários de até US$600 (seiscentos dólares) passaram a trazer concorrência e disputas.

Ressalte-se que as funções de direção não são remuneradas, mas tampouco impedem que seus ocupantes recebam salários por funções outras que exerçam. Essa distorção não é só do GAPA, dados de Bernardes e Nanne (ver item 5.1) confirmam isso como realidade nacional.

Esse comportamento das pessoas envolvidas com o GAPA decorre também do fato da ampliação do número de participantes e processo de seleção. No início, eram amigos e convidados que participavam, depois pessoas que se uniam e acabavam, por sua presença, sendo agregadas ao núcleo central.

Finalmente, com a expansão, a divulgação, o crescimento do interesse em torno da doença passou a fazer parte da entidade qualquer interessado, bastando telefonar ou comparecer à sede, preencher uma ficha e participar de um dos seminários de formação de voluntários.

A heterogeneidade é então grande. De assistencialistas, na expressão mais pejorativa da palavra, a militantes políticos engajados em partidos, tudo se mistura no GAPA, com considerável (majoritário) número de *gays* e lésbicas. Esse dado foi inúmeras vezes ressaltado por heterossexuais que lá se sentiam discriminados, fato que resultou em várias desistências.

Da convivência dessa heterogeneidade deve-se esclarecer que, ao contrário do que se possa pensar, não resultou o respeito pela diferença e convívio civilizado. Ao contrário, brigas, expulsões e exclusões sucedem-se. Não sei se pela incapacidade dos que na entidade atuavam ou pelo fato de que essa bela proposta contemporânea de convívio com o diferente é inviável, sendo obrigatórios apenas o respeito ao outro, a permissão de que, em seu espaço, ele aja como considerar melhor.

Sobre a *ditadura homossexual* no GAPA/RS, João Guilherme ressaltou que ela se reflete, por exemplo, na estética observada na sede do Grupo e ocorre igualmente no resto das entidades brasileiras. Essa estética, que ele denominou de *gay*, caracteriza-se especialmente pela inexistência de máscaras culturais locais, abandonadas em favor de elementos, principalmente posters, europeus e norte-americanos.

Isso explica a discrepância entre o discurso *politicamente correto* do Grupo e suas práticas e táticas nem tão honradas, frutos de necessidades como, por exemplo, a aceitação de dinheiro de bicheiros por parte de Betinho, ou o descaso com o trabalho de outras entidades.

Sobre o emocional, cabe destacar o permanente envolvimento com a morte. Isso diz respeito também ao relacionamento entre as pessoas, variando muito conforme os envolvidos. Dos participantes do núcleo central do GAPA apenas um, o Geraldo, morreu em decorrência de SIDA, embora sejam vários os infectados.

O próprio discurso da entidade, cidadania e vida, leva a, por vezes, um esquecimento da morte. Lembro-me da importância dedicada à discussão sobre a necessidade de o Grupo aceitar que a SIDA mata. A necessidade de se harmonizar essa verdade com o discurso de que a pessoa com SIDA não está morta. Assim, decidiu-se, a SIDA pode matar, a SIDA ainda não tem cura.

Logo, a expressão do medo da morte, do seu enfrentamento nunca aparece no cotidiano da entidade, ficando reservado para espaços privados.

A pena e o dó, em contrapartida, são completos e conscientemente, relegados. Algo da atuação do Grupo pode negar essa assertiva, mas o discurso é este, e vários são os casos de *gigolôs da SIDA abandonados* pela entidade. Ou seja, pessoas que por estarem contaminadas consideram ter direitos à assistência e ajuda, e nada fazem senão cobrar atuação dos outros, que, ao se recusarem a assumir esse papel, ignoram pedidos de auxílio.

A questão do assistencialismo dentro do GAPA é complexa, pois os casos de real necessidade sempre foram, dentro das possibilidades, atendidos. Embora fosse consenso que essa não era função do Grupo, nunca houve coragem de levar alguém para a porta de um hospital e deixá-lo morrer. Sempre se fizeram peregrinações e contatos, buscando sua internação.

Certo? Errado? Nem mesmo afastado consigo saber; teoricamente diria que a segunda proposta é a adequada ao tipo de entidade que o GAPA se propõe a ser, mas não teria coragem de permitir a realização de tal fato, não gostaria de ter de me julgar na seqüência de uma semelhante *Queda*.

No que diz respeito às relações do GAPA com instituições, as situações e atitudes são interessantes. Do primeiro ato público do Grupo participaram convidados das secretarias municipal e estadual de saúde, a primeira sede localizava-se dentro de órgão federal, o primeiro financiamento veio de uma igreja. Mesmo assim, apresenta-se como independente, não-governamental, de crítica aos valores tradicionais da cultura judaico-cristã.

Inúmeros foram os embates com o poder público, denunciando o descaso no tangente ao tratamento do doente e a inexistência de campanhas preventivas à expansão da Síndrome. Por vezes ocorreram de forma aberta, em atos aos quais era chamada a imprensa; por vezes fechada, com negociações.

Com relação às posturas identificadas por Veras e Bouduki, o GAPA, percebe-se na análise dos históricos, utiliza-se das três em sua atuação junto ao Estado: a reivindicatória, a constestatória e a participativa.

O entendimento sobre a posição (preconceituosa) de médicos e hospitais levava a entidade a utilizar apenas as duas primeiras posturas. Essa exclusão da possibilidade de trabalho conjunto, postura participativa, entretanto, começa a mudar quando do ingresso de inúmeros psicólogos no Grupo e de, por exemplo, negociações como a que resultou na cedência de um imóvel da Secretaria Estadual de Saúde para ser a nova sede da entidade.

A crítica deve-se tanto à situação caótica da saúde (falta de leitos, remédios etc.), quanto ao discurso médico que, durante muito tempo e ainda hoje, assumiu atitudes preconceituosas em face de *grupos de risco*, conceito ultrapassado, quando se sabe que todos somos vítimas potenciais da SIDA.

Ao contrário do percebido por Boschi, no GAPA inexiste ideologia antipartido. Seria um contra-senso pelas ligações partidárias de seus componentes. Também a falta de interesse dos partidos em relação ao Grupo, visão de Scherer-Warren, não se aplica ao movimento em análise. O Partido dos Trabalhadores sempre apoiou o GAPA, não parte do partido, mas todo ele. Inclusive a entidade recebeu contribuição financeira de 50% relativa a verbas recebidas por seus parlamentares, quando de uma convocação extraordinária - a outra parcela foi cedida ao Movimento dos Sem-Terra. A razão foi o entendimento de que não deveria haver pagamento de tal quantia aos deputados e, portanto, o dinheiro deveria ser devolvido à sociedade.

Essas boas relações com o PT estigmatizaram o GAPA. Para muitos ele é *braço* do partido. Tenta-se negar tal situação; para todos os efeitos, o Grupo é independente; a entidade é política, mas apartidária. Em geral isso correspondia a uma verdade, éramos simplesmente de esquerda.

Mas alguns respondiam a partidos, ou a suas tendências. Para eles cabe a crítica realizada por Gabriela Silva Leite, de que "como o meu relacionamento com o mundo intelectual era através dos militantes católicos do PT, cometi meu primeiro erro. Levei uns três ou quatro deles para trabalhar comigo no projeto.

Foram todos com desprendimento natural de militantes partidários, como voluntários. Mas a intenção deles, no fundo, era mesmo me conduzir conforme os ditames do partido, pois, embora eu falasse na época o discurso deles, acho que percebiam que eu era uma 'voadora' e queriam colocar-me freios para o projeto não se desviar da ideologia adequada" (pp. 107-108).

Mas também outros partidos de esquerda sempre se colocaram à disposição, tendo procurado a entidade para discutir projetos de prevenção e prestado apoio quando da necessidade de respaldo político-partidário. Nesse sentido, a Comissão de Saúde da Assembléia Legislativa do Rio Grande do Sul sempre esteve ativa na pressão sobre hospitais que negam internação a pacientes com SIDA.

O relacionamento com a Igreja é complexo pelas contradições verificadas em nós mesmos e na instituição. Quando da descrição dos voluntários de ONGs no Brasil percebia-se de um lado, grande número de ateus, e, de outro, participação intensa de religiosos. Isso fez com que, dentro de um grupo de maioria descrente, surgisse um departamento religioso. Algumas cerimônias religiosas foram realizadas, inclusive cultos ecumênicos.

No tocante às igrejas, o conflito é primeiro interno. Um grupo defende que, para os *aidéticos*, a única solução é um pedido de desculpas a deus, haja vista a opinião de Eugênio Sales. Os que defendem tal posição opõem-se aos que pregam uma linha mais liberal, segundo a qual a SIDA é doença, e não castigo, punição divina, O doente não foi, ainda, julgado, não podendo ser, logo, condenado. Eles pregam o respeito, apoio e solidariedade.

Afora essa disputa, como exposto, devem esses religiosos liberais garantir seu espaço dentro das ONGs, e, dentro do GAPA muito eles lutaram para ser respeitados. Nessa briga por espaço utilizaram sua organização, militância convicta e projetos bem definidos.

Participaram do GAPA vários religiosos de diversas igrejas e é orgulho de alguns voluntários terem feito com que, pelo menos, dois abandonassem a vida eclesiástica, ou o voto de castidade. Certamente, não apenas o Grupo influiu nisso, mas foi uma razão, e o fato provocou, inclusive, o afastamento de pessoas ligadas à Igreja Católica.

Para compreender melhor o GAPA, analisarei ainda a atuação de dois fundadores da entidade, pessoas radicalmente diferentes, mas ambas importantíssimas para a afirmação do Grupo e seu desenvolvimento. A briga entre eles, em 1993, marca a história da entidade, levando-a à situação atual. São eles Gérson Barreto Winkler e José (Zé) Eduardo Gonçalves.

Ambos homossexuais, cada um pai de duas filhas e, no passado, foram companheiros. As semelhanças param aí.

Gérson foi o primeiro presidente do GAPA. Antes disso, estudava assistência social e trabalhava como digitador. Foi em torno do desenvolvimento da doença de seu companheiro, um médico, que se começou a pensar na criação de uma ONG/SIDA.

Gérson também foi o primeiro a se profissionalizar. Recebia um salário mínimo por mês e dedicava ao menos dez horas diárias à entidade. Seu carro, um velho fusca de mais de quinze anos, era o veículo da entidade e servia para tudo, inclusive como ambulância. Dedicava-se a atendimentos individuais, palestras, articulações políticas, etc.

Era quem mais aparecia nos meios de comunicação. Pessoa carismática, de formação empírica, pensava o trabalho, aprendia o trabalho, enquanto o avaliava; ambicioso, queria sempre ver o GAPA ainda maior, mais atuante. Segundo muitos, é autoritário e centralizador, opinião da qual não divirjo.

Incentivador de políticas radicais, de denúncia das omissões e descasos, ativista convicto, sempre se preocupou em articular com quem pudesse ajudar no crescimento da entidade.

Não tinha atuação política ou político-partidária antes da formação do GAPA; após, chegou até mesmo a filiar-se ao Partido Popular Socialista (sucessor do Partido Comunista Brasileiro). Convidado a candidatar-se a deputado federal ou estadual, recusou-se, tendo aceito, em 1992, a concorrer a vereador. Abandonando a campanha em seguida, em seqüência a discussões internas da entidade - nas quais se procurava saber se tal fato seria benéfico ou não ao grupo e como se daria a sucessão.

Zé Eduardo é psicólogo e trabalha na Secretaria Estadual de Saúde, tendo sido cedido para a Secretaria Municipal de Saúde de Porto Alegre, cuja secretária era amiga sua.

Teórico, tornou-se o estruturador do discurso do GAPA, principalmente na área da saúde. Articulador e grande conciliador, sem ser militante cotidiano, nunca deixou de ser procurado e consultado. Sempre procurou manter a união do Grupo.

Devido a essas características destacou-se na direção do Movimento. Por elas foi considerado um bom ou um mau sujeito. Mas verdade é que, enquanto trabalhava junto com Gérson, formava a dupla que construiu o GAPA. Eram de autoria dos dois os textos a respeito da entidade.

Essencialmente diferentes, é a eles que o GAPA deve sua importância e conquistas. A briga que tiveram por ocasião do lançamento da candidatura de Gérson à vereança, pois Zé apoiava um colega da secretaria municipal, encerrou a atuação da dupla e finalizou uma etapa na vida do GAPA.

6 Novo paradigma para o Direito

Quando esse trabalho era ainda apenas uma possibilidade, escrevi que "este projeto resulta da percepção de uma crise e do esgotamento do modelo jurídico monista, no qual a única lei vigente e valida é a do Estado liberal-individualista - hoje hegemônico nas sociedades capitalistas, ou seja, a falência do modelo contemporâneo de administração da justiça. Essa percepção decorre da impossibilidade de o modelo oferecer respostas eficazes para as questões geradas por sociedades cada vez mais complexas e conflituosas, visto que opera de forma retrospectiva, retributiva, punitiva e repressiva enquanto as novas relações exigem formas prospectivas, preventivas, pedagógicas e pró-ativas.

A fim de solucionar essa deficiência, os juristas passaram, já há algum tempo, a procurar um novo paradigma para sua ciência. Devido à criticidade da análise a que propõe e ao alcance da proposta que possui, o paradigma que investiga o pluralismo jurídico tem se afirmado como referente teórico. As práticas que investiga têm se afirmado eficazes, comprováveis e justificáveis, sugerindo a emergência de uma nova idéia, pensamento e ação do que seja Direito nos marcos desta concepção".

Embora não seja objetivo deste trabalho, cabe ressaltar que muitos, talvez a maioria, são os juristas que negam, ou desconhecem, a pluralidade jurídica. Ela, entretanto, sempre existiu. O exótico é a tentativa de impor o monismo, recente tentativa ocidental, da época da construção dos chamados Estados modernos.

Então, os reis, embasados no poder absoluto, fizeram valer o peso da força, impondo sua vontade como a única possível. O Iluminismo do século XVIII reagiu contra o poder absoluto, mas não resgatou o pluralismo. Limitou-se a transferir o monopólio legal do soberano para o Estado.

Com a transformação da sociedade e "a desconstrução racionalizadora que atravessa a globalidade da cultura tecnoindustrial estende-se ao conhecimento e à prática das estruturas lógico-formais de regulação jurídica. O padrão de cientificidade que sustenta mormente o discurso da legalidade liberal-individualista/formal--positivista, edificado e sistematizado nos séculos XVIII e XIX, está quase que inteiramente desajustado, diante da conjuntura oferecida pelas novas facetas de produção de capital, pelas emergentes necessidades das formas alternativas de vida e pelas profundas contradições sociais das sociedades classistas e interclassistas" (Wolkmer, 1992, p. 314).

As dificuldades do paradigma monista em resolver os conflitos sociais estão sendo demonstrados por seguidos trabalhos, dentre os quais se ressaltam os de Boaventura de Souza Santos, sociólogo português. Em decorrência, o reconhecimento da existência do pluralismo jurídico torna-se importante como alternativa na busca da composição das lides comuns à sociedade contemporânea.

Isso ocorre porque, como bem expressa Boaventura, "a lei não pode resolver nenhuma das contradições surgidas da estrutura profunda. O campo de operação da lei é a estrutura superficial. O sistema legal é, de qualquer modo, alienado da estrutura profunda da sociedade. Neste nível, a lei não pode resolver os problemas, ela pode apenas controlá-los. Os problemas da estrutura profunda são uma espécie de *iceberg* multicéfalo que aparece à estrutura superficial da sociedade disfarçado de 'tensões sociais'. A lei intervém para reduzi-los, mas não resolve o problema que os provoca." (*La loi contre la loi*, p. 74).

Assim, "só um autêntico pluralismo jurídico permitirá compor uma ordem do Direito mais legítima, por estar de acordo às representações jurídicas do povo. A expansão pluralista implica cada vez mais democracia participativa" (Dobrowolski, p. 230).

A quem teme que com isso se possa implantar a anarquia, deixo o alívio das palavras do professor Boaventura: "El principal propósito científico de esta concepción alternativa consiste en demostrar que el reconocimiento de la centralidad del poder estatal y el derecho es compatible con el reconocimiento de la multiplicidad de formas de poder y formas de derecho en las sociedades capitalistas. Esto se hace sojuzgando semejante multiplicidad al principio de la estruturación, y relativizando el Estado en dos direcciones diferentes: hacia adentro, por medio de la autonomia estructural de las relaciones sociales en espacios políticos y legales mas pequeños (el espacio doméstico y el espacio laboral); hacia afuera, por medio de la autonomia estructural de las relaciones sociales en espacios políticos y legales mas grandes (el espacio mundial)") (Estado, Derecho y Luchas Sociales, p. 206).

Conforme esse entendimento, também Wolkmer, que escreve "admitir uma cultura jurídica instituinte baseada na auto-regulação societária e na força da produção legal, efetivada por novos sujeitos coletivos (movimentos sociais), não inviabiliza a existência de um Estado fiscalizado pela Comunidade e limitado a reconhecer e garantir Direitos emergentes. Uma visão ampliada e aberta de pluralismo para a América Latina só pode ser pensada a partir das singularidades desta realidade, composta de crises e instabilidades institucionais, do permanente dirigismo das elites, e da confluência 'subjacente' dos fenômenos plurais legais dentro e fora do Estado. Logo, imaginar e instituir o contrário, seria cair na irrealidade do utopismo" (1992, p. 444).

Mais do que isso, o professor Wolkmer ressalta, na sua tese de doutorado, a existência do pluralismo jurídico comunitário-participativo no mundo contemporâneo, destacando que o trabalho por ele realizado visa apenas a sistematizar esse fato real, embora informal, subjacente e subterrâneo.

Pluralismo que é visualizado em oposição à cultura monista legal-estatal, sendo concebido "a partir de uma nova racionalidade e uma nova ética pelo refluxo político e jurídico de novos sujeitos, os coletivos; pelas novas necessidades, os direitos construídos pelo processo histórico; e pela reordenação da Sociedade civil, a descentralização normativa do centro para a periferia, do Estado para a Sociedade, da lei para os acordos, arranjos e negociações. É a dinâmica interativa de um espaço público aberto e democrático" (1992, p. 488).

O Estado não aceita, facilmente, porém, essa diminuição de seu poder. Contra o pluralismo jurídico recorre ele a dois expedientes: a eliminação das práticas pluralistas ou, principalmente, ao reconhecimento delas, com a verdadeira finalidade de controle e incorporação delas ao institucional.

Assim, deve-se distinguir o pluralismo jurídico oficial do autêntico, o pluralismo jurídico comunitário-participativo. No primeiro, "Admite-se a presença de inúmeros campos sociais semi-autônomos, com relação a um poder político centralizador, bem como múltiplos sistemas jurídicos estabelecidos vertical e hierarquicamente através de graus de eficácia, sendo atribuída à ordem jurídica estatal uma positividade maior" (Wolkmer, 1992, p. 303).

O pensamento exposto na tese, que, resumidamente passo a analisar, pode ser percebido desde já em assertiva retirada do trabalho. Segundo ela "torna-se imperiosa, quando da análise das sociedades periféricas como a brasileira (instituições frágeis e secular intervencionismo patrimonialista estatal), a opção por um novo tipo de pluralismo, um pluralismo jurídico permeado pelas contradições materiais e necessidades fundamentais e, ao mesmo tempo, determinante do processo de práticas cotidianas insurgentes e do avanço da "auto-regulação" da própria sociedade civil. O novo pluralismo jurídico, de características integradoras, é concebido a partir de uma nova racionalidade e uma nova ética, pelo refluxo político e jurídico de novos sujeitos - os coletivos; de novas necessidades desejadas - os direitos construídos pelo processo histórico; e pela reordenação da sociedade civil - a descentralização normativa do centro para a periferia; do estado para a Sociedade; da lei para os acordos, os arranjos, a negociação. É, portanto, a dinâmica interativa de um espaço público aberto e democrático" (1992, pp. 236-237).

Para mostrar exatamente o que seja este novo paradigma, devo explicitar as condições necessárias para sua verificação.

A respeito dos novos sujeitos escreveu o professor Wolkmer que "são situados como identidades coletivas conscientes, mais ou menos autônomos, advindos de diversos estratos sociais, com capacidade de auto-organização e autodeterminação, interligados por formas de vida com interesses e valores comuns, compartilhando conflitos e lutas cotidianas que expressam privações e necessidades por direitos, legitimando-se como força transformadora do poder e instituidora de uma sociedade democrática, descentralizadora, participativa e igualitária" (1992, p. 324).

Complementa com o entendimento de que "o interesse com referência aos movimentos sociais é enfatizar sua capacidade como fonte informal em produzir formas de regulações comunitárias autônomas, ou seja, o *locus* de práticas cotidianas habilitadas a transformar carências e necessidades humanas em 'novos' direitos" (1992, p. 430).

A questão da satisfação das necessidades fundamentais é complexa. Passa pela própria definição do que seja uma necessidade, tarefa ainda inconclusa de nossos pensadores.

A observação da situação nas sociedades burguesas capitalistas e ocidentais mostra que "por serem inesgotáveis, espacial e temporalmente, as necessidades humanas nas sociedades modernas não podem ser completamente satisfeitas" (Wolkmer, 1992, p. 328,). É facilmente constatado que essa carência refere-se tanto a bens materiais quanto à ausência de desejos, posturas, formas de vida, valores etc.

Elas, ao formarem nas pessoas a ansiedade de alcançar um objetivo, servem, por vezes, como núcleo gerador dos novos movimentos sociais, "como força motivadora e condição de possibilidade de produção jurídica" (Wolkmer, 1992, p. 334).

Para poder se considerar como parte do novo paradigma proposto, deve igualmente ser possível verificar uma transformação político-cultural, com a adoção de uma forma democrática direcionando e reproduzindo um espaço comunitário descentralizado e participativo. Além disso, torna-se necessário identificar novos valores para permitir que se escape da crise ética da modernidade.

Para tal, Wolkmer sugere uma "ética da alteridade", ou seja, "uma ética antropológica da solidariedade que parte das necessidades dos segmentos humanos marginalizados e se propõe a gerar uma prática pedagógica libertadora, capaz de emancipar os sujeitos históricos oprimidos, injustiçados, expropriados e excluídos. Por ser uma ética que traduz os valores emancipatórios de novas identidades coletivas que vão afirmando e refletindo uma práxis concreta comprometida com a dignidade do 'outro', encontra seus subsídios teóricos não só nas práticas sociais cotidianas e nas necessidades históricas reais, mas igualmente em alguns pressupostos epistemológicos da chamada Filosofia da Libertação" (1992, p. 363).

Essa busca de uma nova ética no contexto latino--americano periférico ocorre, pois, quando "os movimentos sociais se legitimam para criar, produzir e definir princípios éticos de uma nova sociedade, pautados na emancipação, autonomia, solidariedade, justiça e na dignidade de uma vida capaz da satisfação das necessidades fundamentais" (Wolkmer, 1992, p. 367).

A última condição necessária para se implantar o novo paradigma é a existência de uma racionalidade emancipatória. Isso ocorre porque esse, também novo, conceito de razão implica o abandono da razão metafísica ou tecnoformalista em prol de um outro.

Logo complementa o professor Wolkmer que é "uma razão que parte da totalidade da vida e de suas necessidades históricas. Trata-se de construir uma racionalidade como expressão de uma identidade cultural enquanto exigência e afirmação da liberdade, emancipação e autodeterminação" (1992, p. 380).

Esse novo paradigma impõe-se em decorrência da incapacidade de o paradigma monista solucionar as lides frente às quais hoje é colocado.

Assim, afirma o professor Wolkmer que "certamente que essas práticas alternativas não-institucionalizadas, que implicam alto teor de informalização, descentralização e democratização dos procedimentos, senão ainda uma maior conscientização, participação e criatividade dos sujeitos coletivos no processo de auto--regulação social e na administração da Justiça, são fatores que, bem explorados e estimulados, se constituem no meio mais adequado, tanto para operacionalizar as demandas e equacionar os conflitos coletivos das sociedades periféricas dependentes, quanto para canalizar com eficácia as carências e as necessidades dos novos movimentos sociais" (1992, p. 409).

Para operacionalizar o paradigma, observam-se várias possibilidades. Dentro do espírito de resolução dos conflitos, sempre junto com Wolkmer, citam-se modalidades não-institucionais de mediação, conciliação, criação de tribunais de bairros etc.

"Esses procedimentos societários não-estatais, envolvendo a convenção de padrões normativos de conduta e a resolução consensual de conflitos, praticados informalmente por segmentos ou vontades individuais e coletivas, assumem características específicas de uma validade distinta, legítima e diferente, não menos verdadeira, podendo ser até mais justa e autêntica" (Wolkmer, 1992, p. 387).

É importante destacar com o professor Wolkmer que "não se trata aqui das formas de conciliação, juízo arbitral e juizados especiais já previstas e consignadas no interior da legislação estatal positiva, mas de instâncias e procedimentos mais amplos, totalmente informalizados e independentes, nascidos e instaurados pela própria Sociedade e seus múltiplos corpos intermediários sem nenhuma vinculação com os órgãos do Estado" (1992, p. 412).

Em nível de produção legislativa, cite-se a "formação de acordos coletivos e de arranjos político-juridícos de agregação de interesses; imposição de acertos comunitários mediante mobilização e pressão advindas das carências e necessidades dos novos movimentos sociais (*stricto sensu*) e dos sujeitos coletivos em geral" (Wolkmer, 1992, p. 411).

Ou seja, esses acordos fundamentam-se "no sentimento de justiça de ações reivindicatórias e na lógica de uma racionalidade material, independente e à margem da vontade do Estado, prevalecendo como regra de eficácia consensualizada pela livre vontade dos movimentos sociais, grupos sindicais e associações comunitárias voluntárias. Considerando que esses acertos ou arranjos nascem fora de qualquer controle por parte das instituições estatais, emergindo de reivindicações sociais insatisfeitas, da explosão de litígios e do esforço de entendimento societário, parece significativo explorar ainda mais e ampliar, democraticamente, em favor dos segmentos comunitários não-organizados subalternos e excluídos, alguns de seus procedimentos como modo de institucionalizar tais manifestações legais não-estatais" (Wolkmer, 1992, p. 426).

Dessa forma, convencido da existência do pluralismo jurídico, e da possibilidade e necessidade de seu reconhecimento pela sociedade, desenvolvo o esforço de determinar se ele se apresenta perante ela, através do GAPA/RS, da atuação desta ONG.

7 Conclusão

Depois de apresentar como surgiu a idéia desse trabalho, propor conceitos básicos para o mesmo e explicitar minha posição referente à SIDA e aos Direitos Humanos (capítulos 1 e 2) e de estudar como a doutrina monista percebe a SIDA (capítulo 3), quais os casos que foram levados por pessoas convivendo com SIDA ao GAPA (capítulo 4), o que é uma ONG e como se estrutura e age o GAPA (capítulo 5) e em que consiste o paradigma comunitário-participativo elaborado pelo professor Wolkmer (capítulo 6), chego à parte final do trabalho ao qual me propus. Devo, pois, relacionando esses capítulos, concluir sobre a pertinência, ou não, do novo paradigma proposto à realidade do GAPA.

Na opção entre efetividade e segurança no julgamento da lide, nosso legislador ficou com a segunda. O professor Ovídio Baptista da Silva é preciso em sua análise ao dizer que:

"Temos, assim, pelo que já ficou dito, uma conjunção de fatores harmoniosamente orientados para o valor segurança ou, talvez pudéssemos dizer, para o valor justiça-segurança, a ser obtida através de um processo - não importa qual o tempo que ele haverá de durar - orientado no sentido de uma composição plena, absoluta e definitiva da lide.

O valor efetividade dos direitos outorgados pela ordem jurídica, enquanto realizabilidade efetiva e oportuna de seus respectivos enunciados, parece não ter sensibilizado o legislador, tanto ordinário quanto constitucional" (p. 11).

Para a pessoa portadora ou doente isso determina (até agora, dentro da realidade nacional, na qual a medicação que poderia impedir uma rápida progressão da doença está além das possibilidades da grande maioria dos contaminados) a inutilidade do recurso à via judicial oferecida pelo Estado.

Também fica inviabilizada tal oferta em decorrência do preconceito criado em relação ao doente. Ele, após conhecida sua situação, é estigmatizado como marginal, quer seja por ser portador de doença transmissível, quer seja porque ainda hoje, na concepção das pessoas, ele deve ser um homossexual, uma prostituta ou um drogadito; um desregrado na concepção geral da sociedade.

Pode, em decorrência, ser enquadrado, ou não, em uma série de preceitos presentes em nossos códigos (por exemplo, o Código Civil, art. 1744, III[34] ou Código Penal, art. 219)[35]. Tais preceitos limitam seus direitos.

Essa situação não é exclusiva de aidéticos, mas aqui se agrava devido a um forte preconceito incentivado pelo fato da novidade, do desconhecimento e do medo existente no imaginário coletivo de que a Síndrome possa ser disseminada indiscriminadamente (vide consulta do juiz ao GAPA, item 3.1 deste trabalho).

Incertos perante a possibilidade de não verem concretizadas suas pretensões; duvidosos da imparcialidade de juízes que sabem impregnados do preconceito difundido; temerosos de uma publicidade que por vezes, se mostra mais lesiva do que o próprio dano, raros são aqueles que buscam soluções através do Poder Judiciário.

---

[34] CC, art. 1744, III: Além das causas mencionadas no art. 1595, autorizam a deserdação dos descendentes por seus ascendentes: - desonestidade da filha que vive nas casa paterna.
[35] CP, art. 219: Raptar mulher honesta, mediante violência, grave ameaça ou fraude, para fim libidinoso: Pena - reclusão, de 2 (dois) a 4 (quatro) anos.

No que tange ao preconceito, deve-se acrescentar que ele não decorre apenas da doença. No caso do departamento jurídico do GAPA, em se tratando de um serviço de assistência jurídica gratuita, a clientela já se encontra marginalizada em decorrência de sua pobreza, ainda mais em se tratando dos grupos mencionados (homossexuais, drogaditos, prostitutas, travestis, etc.), tradicionalmente desprezados pelas instâncias governamentais.

Daí vem a conclusão de que, mesmo que o paradigma monista tenha previsão legal para os conflitos das pessoas convivendo com SIDA (capítulo 3) a procura de respostas tende a, quando possível, ser desviada para soluções mediadas. Essa constatação é facilmente verificável nos dados obtidos com base nos casos atendidos (capítulo 4).

Certamente, esses resultados somente foram possíveis dentro de uma entidade como o GAPA/RS, na qual pessoas agem com o objetivo primordial de valorizar a cidadania do portador-doente, fazendo com que ele lute pela melhor solução de seus problemas, e auxiliando-o na sua concretização.

Por ser não-governamental e por não estar comprometida com a ordem institucional, a ONG pode atuar no campo que o interessado julgar mais adequado. E, no caso, foi o da mediação, forma que, além de escolhida pela maior parte dos interessados, se mostrou extremamente competente para sanar os conflitos apresentados.

Além disso, na atuação cotidiana do Grupo observam-se práticas não-legislativas de criação do Direito. Tais práticas consistem, conforme tenho defendido, sempre baseado na tese do professor Wolkmer, no pluralismo jurídico, uma realidade presente em nossa sociedade. Sendo bastante para sua confirmação um esforço que busque sua percepção e, principalmente, sistematização.

Essa expressão de pluralidade, tal como a vejo, apresenta-se na capacidade de o GAPA lutar e fazer com que as pessoas que convivem com SIDA lutem pela cidadania, contra o preconceito referente à doença, a profissionais do sexo ou a pessoas que realizem opção sexual que não a delas esperada, mediar conflitos e alterar a legislação vigente.

Nessa atuação pluralista, a forma de agir é diferente da monista, que adota formas retrospectivas, retributivas, punitivas e repressivas.

A atuação pluralista não busca apenas a ação pós-fato delituoso, ela vai além. Com fins preventivos, pró-ativos, prospectivos e pedagógicos, ela tenta prevenir o conflito, evitar o dano e não punir a conduta indesejada, mas premiar a desejada e incentivar a transformação consciente de condutas.

Como pressupostos, para a percepção do paradigma comunitário-participativo na realidade da entidade, temos a caracterização do GAPA dentro da categoria definida como novo sujeito social. Isso está bem expresso numa leitura comparativa dos itens 5.1/5.2 e 5.3/5.4/5.5 do capítulo 5 (realizada no item 5.6). Conforme ela, o GAPA configura-se em força transformadora do poder, que age em busca de uma sociedade democrática, descentralizada, participativa e igualitária. Ele próprio é descentralizado e aberto à participação da comunidade.

No seu cotidiano, expressam-se novos valores, tais como solidariedade, justiça e "dignidade de uma vida capaz da satisfação das necessidades fundamentais" (Wolkmer, 1992, p. 367). Expressa uma nova razão.

"(...) um novo conceito de razão implica o abandono de todo e qualquer tipo de racionalização metafísica e tecno-formalista eqüidistante da experiência concreta e da crescente pluralidade das formas de vida cotidiana. Somente em cima da idéia de uma racionalidade proveniente da vida concreta é que se há de evoluir para a percepção de uma razão vital liberta, de uma razão emancipatória. Não se trata de uma razão operacional pré-determinada e sobreposta à vida, direcionada para modificar o espaço comunitário, mas de uma razão que parte da totalidade da vida e de suas necessidades históricas. Trata-se de construir uma racionalidade como expressão de uma identidade cultural enquanto exigência e afirmação da liberdade, emancipação e autodeterminação" (Wolkmer, 1992, pp. 379/380). A estrutura do GAPA, mais os valores que defende e a razão que propõe, nega o paradigma monista, dentro do qual poderia ser apenas simples parte processual. Apresenta a entidade com muito mais força, dentro de um paradigma pluralista no qual a sociedade civil auto-regula-se, no qual organizada em sujeitos coletivos impõe necessidades por meio de práticas cotidianas insurgentes. Seria ela própria fonte do direito e *locus* para resolução de conflitos.

Em termos gerais, isso ocorre através da promoção de conciliação dos conflitos no âmbito da entidade, por meio de "arranjos" político-jurídicos na produção legislativa e imposição de acertos comunitários à classe dirigente. Ela, destaque-se, aparece aqui por, embora realizar-se na esfera oficial, nascer da ação do Grupo.

O trabalho do GAPA/RS consiste, resumidamente, no seguinte: a) informar sobre a doença; b) incentivar ou obrigar as famílias, o governo (nos diversos níveis), as igrejas, a iniciativa privada e as organizações comunitárias, os sindicatos e outras ONGs a encarar a SIDA, interferindo na atividade de laboratórios, hospitais, escolas, relações cotidianas, familiares, trabalhistas e outras; c) pressionar o círculo científico (médicos principalmente) e instituições totais (presídios, entidades para crianças e adolescentes) para que adotem discurso e ações compatíveis com a prevenção da SIDA e os Direito Humanos; d) auxiliar na elaboração de leis; e) atuar junto aos meios de comunicação social, esclarecendo a opinião pública; f) promover grupos de auto-ajuda; e g) proporcionar atendimento em diversas áreas (jurídica, nutricional, psicológica, assistência social, etc.).

Ora, pensando o Direito, como o temos feito, com dimensões preventivas, pró-ativas, prospectivas e pedagógicas, só resta afirmar a dimensão jurídica do GAPA. Explicitando-se o seguinte: a) ao informar sobre a doença, evita-se sua propagação, previne-se o surgimento de conflitos, também se age pró-ativamente, ao evitar danos. E ainda atua pedagogicamente, favorecendo a citada transformação de conduta que significa, em última análise, a diminuição do número de infectados e conseqüente redução do número de lides relativas à SIDA. Esse trabalho de informação ocorre na obtenção e/ou confecção e distribuição de material preventivo e informativo (como preservativos, panfletos e cartilhas) e na promoção de palestras, etc.;

b) ao pressionar a sociedade a encarar a SIDA, através da promoção de debates, realização de protestos, denúncias, chamados a famílias para discutir a situação de pacientes e mediação de conflitos, o GAPA atua nas quatros funções apresentadas. Busca-se consenso e os resultados que, no caso de opção por uma batalha judicial, teria lenta solução, o que poderia resultar desfavorável à demanda, qualquer que fosse a decisão.

É correto que há casos nos quais não se obtém resultado positivo, e a solução judicial acaba sendo adotada. Mas inúmeros são os casos com respostas positivas. Citam-se, entre outros, o Hospital Espírita, que, atualmente, atende portadores do VIH, o que não ocorria antes do dia 16 de janeiro de 1992, quando a entidade se manifestou; e da própria Universidade Federal do Rio Grande do Sul, que não mais exige teste admissional sobre a situação sorológica de pretendentes a cargo (ação de abril de 1991) e que passou a atender, em seu consultório odontológico, portadores (outro resultado de ação da entidade - maio de 1992).

c) o GAPA, em manifestações silenciosas, como a do Hospital de Clínicas em 20 de setembro de 1990 e no impedimento da segregação dentro dos presídios em julho de 1991, questiona o discurso utilizado por especialistas e técnicos. Tenta torná-lo adequado aos Direitos Humanos e fazer com que seja adotado na vida cotidiana. Procura, pois, agir eminentemente de forma pedagógica.

Destaque-se que o discurso médico sempre foi questionado pelas ONGs/SIDA. Assim, embora possua conhecimento técnico sobre a doença, alerta-se que desconhece muitos outros aspectos, notadamente os sociopolíticos-culturais. Conseqüentemente, há a necessidade de entendimento entre médicos e entidades, a fim de construir um conhecimento interdisciplinar.

É uma atitude que previne conflitos entre equipe de saúde de um lado e pessoas convivendo com SIDA de outro. Mas não se deve restringir à questão médica. Também em presídios e instituições para menores, surgem problemas a tratar.

Cabe, então, convencer a classe dirigente da realidade da SIDA e da necessidade de encará-la através de medidas efetivas de prevenção (item anterior). Convencê-la da urgência em utilizar linguagem direta, distribuir preservativos e seringas descartáveis, além da inutilidade do isolamento, tendo em vista o direito ao convívio ou, se necessário, um discurso pragmático de que a existência da janela imunológica nunca garante a certeza da testagem compulsória.

Acrescentem-se todas as outras dimensões de ação do GAPA, destacando a prospectiva, pois, embora se possa dizer que, numa manifestação, esteja presente uma punição (humilhação pública). Prefiro ali verificar uma forma legítima de pressão que acaba por favorecer, em sua dimensão dialógica, o crescimento das partes envolvidas.

d) Respeitadas as fronteiras dentro das quais atua, o GAPA interferiu várias vezes no processo legislativo estatal. Da Câmara Municipal (utilização da Tribuna Popular, assessoria a vereadores) até o Congresso Nacional (assessoria da deputados federais gaúchos), passando pela Assembléia Legislativa (trabalho conjunto com a

Comissão de Saúde daquela casa). Afinal, o pluralismo não nega tal instância como fonte - legítima - de criação do Direito; isso sim, não concorda que se arvore como a única.

Observa-se a presença das funções do paradigma comunitário-participativo no sentido de que leis bem elaboradas, propostas conforme as necessidades daqueles a quem se dirigem, feitas em conjunto com quem vivência os problemas no cotidiano são preventivas, pró-ativas, prospectivas e pedagógicas.

Para que isso se verifique, é necessário, igualmente, que o processo tenha como meta não apenas a segurança, mas também a efetividade do procedimento judicial.

e) Muito próxima do trabalho de informar sobre a doença está a atuação junto aos meios de comunicação social. Afinal, a entidade é responsável pela elaboração de *releases* que propõem fatos para confecção de matérias e reportagens e fonte permanente de informações, e comentando acontecimentos diversos sobre o assunto ou ações governamentais na área.

Atua nas quatro dimensões. Informa a opinião pública, prevenindo, evitando danos e incentivando a transformação consciente de conduta. Além disso, posiciona-se, criticamente, perante atitudes discriminatórias, a fim de que pessoas que, muitas vezes, discriminam por ignorância, e não má-fé, tenham chance de retificar sua posição.

f) A dimensão pedagógica é a que ressalta nos grupos de auto-ajuda. Neles proporciona-se o encontro de pessoas convivendo com SIDA, a fim de que discutam problemas inerentes à condição, compartilhem problemas e soluções, principalmente, que percebam a necessidade de união para lutar pelos direitos do soropositivo.

Cidadania é a palavra-chave nos grupos de auto-ajuda. Com ela o portador se afirma um sujeito de direitos, luta por desfazer o estigma que tentam lhe infligir.

A cidadania dos profissionais do sexo, que também participam de grupos, passa pela afirmação de sua posição enquanto sujeitos de direitos. A particularidade é que a luta significa questionar a sociedade sobre o tratamento dispensado a eles quanto à generalização da idéia de que todos são, por viverem do comércio de seus corpos, *marginais*, bandidos e que, por isso, não possuem direitos.

A dimensão pedagógica impera, no sentido de que existe uma proposta para alterar o entendimento do próprio portador a respeito do que significa sua condição e, em conseqüência, propor-lhe novas atitudes perante a sociedade.

g) No atendimento à pessoa soropositiva, pode ser observada uma tendência paternalista da entidade. A forma como se estrutura, porém, procura não apenas assistir; mas, principalmente, integrá-la na entidade, para que participe, contribua para acabar com o preconceito, na busca de respeito e dignidade ao soropositivo.

Para aceitar a realidade do paradigma comunitário--participativo é necessária uma decisão política. Seria ingenuidade negar isso, como o é supor que o monismo se estrutura fora do político e dividir a compreensão do mundo entre o jurídico e o metajurídico, como se, acima dessa divisão, não existisse uma estrutura política maior que congrega a todos.

A dificuldade que temos, eu, a professora Luiza Helena Moll, o professor Antônio Carlos Wolkmer e todos os que acreditam na possibilidade de um novo paradigma jurídico, pluralista, não se encontra tanto, como se vê, na prova da sua existência.

O problema surge perante a possibilidade política de discussão a respeito do Direito que, então, se abre. Para quem se utiliza dele para dominar e controlar, aceitar tal discussão é forma de permitir uma disputa pelo poder - colocar em risco o *status quo*. Por isso existe a oposição acirrada que se vê contra tais propostas.

Nas vezes em que se observam pensadores conservadores aceitando a idéia, percebe-se o intuito de regulamentar situação difícil de esconder. Visam a estabelecer uma melhor forma de domínio e de controle. Considero que, perante a realidade posta, o questionamento é essencial. A formulação do Paradigma Comunitário-Participativo, e outros que como ele tragam à tona novos valores, é um meio de transformar as consciências, modificando velhos valores.

No GAPA o principal não é a lei elaborada dentro dos princípios constitucionais, mas a ação do movimento, que oportuniza, a quem necessita, da forma mais adequada à sua expectativa, a solução esperada.

No Grupo de Apoio à Prevenção da AIDS do Rio Grande do Sul, o Paradigma Comunitário-Participativo apresenta-se como forma de expressão de um mundo jurídico integrado a outros mundos: sociais, políticos, culturais; um mundo elaborado por pessoas convivendo com SIDA, com o objetivo principal de resolver as dificuldades sentidas por aqueles que vivem com SIDA.

Bibliografia

ARRUDA JÚNIOR, Edmundo Lima de. Direito alternativo - notas sobre as condições de possibilidade. *In: Lições de Direito Alternativo.* São Paulo: Acadêmica, 1991. pp. 71-98.

BARROS, Antônio Leme de. AIDS e ética médica. *In:* Seminário Nacional sobre AIDS e o Direito, 1991, São Paulo. *Anais...* São Paulo, 1991. pp. 4-10.

BARTHES, Roland. *Fragmentos de um Discurso Amoroso.* 11. ed. Rio de Janeiro: Francisco Alves, 1991. 200p.

BIEHL, João Guilherme; BLATT, Jessica. *Sobre Monstros: uma viagem com a AIDS pelo Brasil.* Fotocópia. 1993.

BOLETIM INFORMATIVO DO INSTITUTO DE APOIO JURÍDICO POPULAR. Rio de Janeiro: vol. 3, n. 7, abr./maio, 1993.

BRESSAN, Márcio. *Análise Preliminar do Documento da UNIMED.* 1992. Documento escrito para a Diretoria do GAPA/RS.

BRESSAN, Márcio; GIULIANI NETO, Ricardo. AIDS e direito do trabalho. *Jornal do GAPA,* Porto Alegre, n. 4, p. 4, set./out. 1992.

BUZAGLO, Samuel Auday. Aspectos Jurídicos da AIDS. *Revista dos Tribunais,* São Paulo, n. 655, pp. 394-396, maio, 1990.

CASABONA, Carlos Maria Romeo. Responsabilidade Médico-Sanitária e AIDS - I. *Revista Brasileira de Ciências Criminais,* São Paulo, n. 2, pp. 7-20, 1993.

---. Responsabilidade Médico-Sanitária e AIDS - II. *Revista Brasileira de Ciências Criminais,* São Paulo, n. 3, pp. 7-30, 1993.

COHEN, Jean-Marie *et al. SIDA 1989.* 2. ed. Paris: AIDES/UNAFO-MEC, 1989. 192 p.

CONGRESSO DO SINDICATO DOS ADVOGADOS DE FRANÇA, 16., 1989. *SIDA 89.* Paris: Sindicato dos Advogados de França, 1989. n. 10-11.

DANIEL, Herbert; PARKER, Richard. *AIDS, a Terceira Epidemia: ensaios e tentativas*. São Paulo: Iglu, 1991. 127 p.

DANTI-JUAN, Michel. Quelques Réflexions en Droit Pénal Français sur les Problèmes Posés par le SIDA. *Revue de Droit Pénal et de Criminologie*, Bélgica, pp. 631-647, jun. 1988.

DARBEDA, Pierre. Les Prisons Face au SIDA: vers des normes européennes. *Revue de Science Criminelle et de Droit Pénal Comparé*. Paris, n. 4, pp. 821-828, out./dez. 1990.

DOURAKI, Thomas. La Protection Juridique des Malades Atteints du SIDA. *Revue Internationale de Criminologie et de Police Technique*. Genebra, n. 2, pp. 233-242, abr./jun. 1990.

FARIA, Sandra. El Sistema Carcelario Brasilero - perspectivas para la década del 90. *Jurimprudencias*. Bogotá, n. 2, pp. 103-119, fev. 1991.

FOUCAULT, Michel. *Microfísica do Poder*. 9. ed. Rio de Janeiro: Graal, 1990. 295 p.

FRANÇA, R. Limongi. Aspectos Jurídicos da AIDS. *Revista dos Tribunais*. São Paulo, n. 661, pp. 14-21, nov. 1990.

GAPA/SP. O Desafio de Combater a AIDS num País que Ignora a Doença. *Previna-se*. São Paulo, n. 12, jul./ago. 1993.

GHERSI, Carlos A. *Responsabilidad por Prestación Médico Asistencial*. 2. ed. Argentina: Hammurabi, 1992. 180 p.

GOFFMAN, Erving. *Manicômios, Prisões e Conventos*. 4. ed. São Paulo: Perspectiva, 1992. 312 p.

INFORME DE UNA CONSULTA INTERNACIONAL SOBRE EL SIDA Y LOS DERECHOS HUMANOS, 1991, Genebra. *Informe*. Nova Iorque: ONU, 1991.

INSTITUTO DE ESTUDOS DE RELIGIÃO. Apoio Religioso contra a AIDS. *Relatório 1990*. Rio de Janeiro, 1990. Fotocópia.

INSTITUTO DE ESTUDOS DE RELIGIÃO. Apoio Religioso contra a AIDS. *Relatório 1991*. Rio de Janeiro, 1991. Fotocópia.

INSTITUTO DE ESTUDOS DA RELIGIÃO. *Guia dos serviços de assistência e orientação - AIDS - Brasil - 1993*. Rio de Janeiro: ISER, 1993. 132 p.

INSTITUT SUISSE DE DROIT COMPARE. *Etude Comparative sur la Discrimination à l'Encontre des Séropositifs et des Malades du SIDA*. Estrasburgo: Conseil de l'Europe, 1993. 509 p.

LEITE, Gabriela Silva. *Eu, Mulher da Vida*. Rio de Janeiro: Rosa dos Tempos, 1992. 175 p.

LYRA Filho, Roberto. *O Que é Direito*. 6. ed. São Paulo: Brasiliense, 1986. 132 p.

MANN, Jonathan *et al*. *A AIDS no Mundo*. Rio de Janeiro: ABIA e UERJ, 1993. 321 p.

MCGOVERN, Terry. A AIDS e o Direito nos Estados Unidos. *In:* SEMINÁRIO NACIONAL SOBRE AIDS E O DIREITO, 1991, São Paulo. Anais... São Paulo, 1991. p. 22 -24.

Ministério da Saúde. *Implicações Éticas da Triagem Sorológica do VIH*. Fotocópia.

MOLL, Luíza Helena. Pluralismo Jurídico. Fundamentos de uma nova cultura jurídica, de Antônio Carlos Wolkmer. *Álter Ágora*, Florianópolis, n. 2, pp. 90-92, nov. 1994.

MOLLA, Alain. Discurso. *In:* CONGRESSO DO SINDICATO DOS ADVOGADOS DE FRANÇA, 1989, Paris. *SIDA 89*. Paris, 1989. pp. 10-11.

MORAL, Manuel Antônio Velandia. A Quarta Epidemia de AIDS: as organizações não-governamentais? *Boletim do GAPA/BA*, Salvador, n. 9, jan./mar. 1994.

PEDROTTI, Irineu Antônio. Da AIDS e do Direito. *Revista dos Tribunais*. São Paulo, n. 690, pp. 295-312, abr. 1993.

PERLONGHER, Nestor. *O que é AIDS*. 4. ed. São Paulo: Brasiliense. 94 p.

POPP, Carlyle. AIDS e a Tutela Constitucional da Intimidade. *Revista de Informação Legislativa*. Brasília, n. 115, pp. 139-150, jul./set. 1992.

RUDNICKI, Dani. Além da AIDS, a Dor do Preconceito. *Revista Mundo Jovem*. Porto Alegre, n. 236, ago. 1992.

———. *O Direito Penal na Prevenção da SIDA*. Palestra proferida no II Encontro Internacional de Direito Alternativo. Florianópolis. 1993.

———. Prostitutas Retomam Cidadania. *Trinta Dias de Cultura*, Porto Alegre, n. 26, maio. 1990.

———. SIDA: a função do direito penal. *Livro de Estudos Jurídicos*. Rio de Janeiro, n. 6, pp. 241-246, 1993.

———. *SIDA e Direitos Humanos: uma breve reflexão*. Texto redigido para o Movimento de Justiça e Direitos Humanos do Rio Grande do Sul. Abril. 1993.

RUDNICKI, Dani et al. *A AIDS no Sistema Prisional Gaúcho*. Relatório para a Secretaria de Justiça do Rio Grande do Sul. Maio. 1993.

RUDNICKI, Dani; MOURA, Glicério. AIDS: a síndrome que ataca os programas governamentais. *Utopia*, Porto Alegre, n. 5, ago./set. 1992.

SALES, Eugênio. *O Globo*. 27/07/1985.

SANTOS, Boaventura de Souza. Estado, Derecho y Luchas Sociales. Fotocópia.

——. La Loi Contre la Loi. Fotocópia.

——. La Transición Postmoderna: derecho y política. *Doxa*. Madrid, n. 6, pp. 223-264, 1989.

——. O Social e o Político na Transição Pós-Moderna. *Revista de Comunicação e Linguagens*, 1988, p. 25-48.

——. *Sociologia na Primeira Pessoa: fazendo pesquisa nas favelas do Rio do Janeiro*. Fotocópia.

SILVA, Míriam Ventura da et al. *Direitos das pessoas vivendo com VIH e AIDS*. Rio de Janeiro: Grupo pela Vidda, 1993. 64 p.

SILVA, Míriam Ventura da. Só uma Lei Obrigará os Planos de Saúde a Atender AIDS. *Boletim do GAPA/BA*, Bahia, n. 9, pp. 5-6, jan./fev./mar., 1994.

SILVA, Ovídio A. Baptista. Processo de Conhecimento e Procedimentos Especiais. *AJURIS*, Porto Alegre, n. 57, pp. 5-17, mar. 1993.

SIEGHART, Paul. *AIDS & Human Rights*. Londres: British Medical Association Fondation for AIDS, 1989. 103 p.

SONTAG, Susan. *A AIDS e suas Metáforas*. São Paulo: Companhia das Letras, 1989. 111 p.

——. *A Doença Como Metáfora*. Rio de Janeiro: Graal, 1984. 108 p.

SPINELLIS, Dionysios. Transmission du SIDA et Droit Pénal. *Revue Internationale de Criminologie et de Police Technique*, Genebra, n. 3, pp. 344-372, ju./set. 1991.

TOMASEVSKI, Katarina; LAZZARINI, Zita; HENDRIKS, Aart. AIDS e Direitos Humanos. *In*: MANN, Thomas (org.) *A AIDS no Mundo*. Rio de Janeiro, 1993. pp. 242-272.

VARELLA, Dráuzio. *AIDS Hoje*. São Paulo: CERED, 1988. 72 p.

VIOLA, Eduardo. A Degradação Sócio-Ambiental e a Emergência dos Movimentos Ecológicos na América Latina. *In*: *Classes e Movimentos Sociais na América Latina*. São Paulo, Hucitec, 1990. pp. 197-219.

WOLKMER, Antônio Carlos. *Introdução ao Pensamento Jurídico Crítico*. São Paulo: Acadêmica, 1991. 152 p.

——. *Pluralismo Jurídico: o espaço de práticas sociais participativas*. Tese de Doutorado. Florianópolis, 1992. 2 v.

Impresso com filme fornecido pelo cliente por:

FONE: (051) 472-5899
CANOAS - RS
1996